教育部人文社科基金项目
申请指南

张聪 | 著

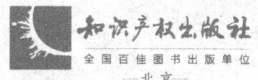

图书在版编目（CIP）数据

教育部人文社科基金项目申请指南/张聪著.—北京：知识产权出版社，2020.3（2021.12重印）

ISBN 978-7-5130-6747-8

Ⅰ.①教… Ⅱ.①张… Ⅲ.①社会科学—基金项目—申请—中国—指南 Ⅳ.①C36-62

中国版本图书馆CIP数据核字（2019）第301421号

内容简介

本书凝聚了作者自身申请教育部人文社科基金和辅导多人成功申请该基金项目的相关经验，旨在为读者提供细致且全面的人文社科基金项目申请指南。全书共分为三十个专题，以作者自身项目书为例，详尽地阐述了社科基金项目申请的全过程及其相关策略。从项目申报到结题，手把手指导申请人如何从自身角度出发，高效地完成社科基金项目的申请和结项，为申请人提供有益的参考和指导。

责任编辑：张冠玉　　　　　　　　　　责任印制：孙婷婷

教育部人文社科基金项目申请指南
JIAOYUBU RENWEN SHEKE JIJIN XIANGMU SHENQING ZHINAN

张　聪　著

出版发行：知识产权出版社有限责任公司	网　　址：http://www.ipph.cn
电　　话：010-82004826	http://www.laichushu.com
社　　址：北京市海淀区气象路50号院	邮　　编：100081
责编电话：010-82000860转8699	责编邮箱：laichushu@cnipr.com
发行电话：010-82000860转8101	发行传真：010-82000893
印　　刷：北京虎彩文化传播有限公司	经　　销：各大网上书店、新华书店及相关专业书店
开　　本：720mm×1000mm　1/16	印　　张：11.25
版　　次：2020年3月第1版	印　　次：2021年12月第3次印刷
字　　数：164千字	定　　价：68.00元

ISBN 978-7-5130-6747-8

出版权专有　侵权必究

如有印装质量问题，本社负责调换。

自 序

我是2015年中标教育部人文社会科学基金（以下简称教育部人文社科基金）项目的。在开始策划并撰写这本书之前，我才刚刚提交了自己的教育部人文社科基金的结项报告和材料，还不知道能否顺利结题。

在中标后的三年中，我为这个项目付出的心血和努力超乎了自己的想象，而这个项目带给我的意外、惊喜和收获也超乎了自己的想象。

2018年2月，我开始尝试做知识付费，在荔枝微课上开了一个直播间，叫"高校不搞笑"。刚开始没有粉丝，没有方向，也不知道应该做什么。有一天，我在微课上看到了有一位叫"老踏"的高校老师，他想做一期教育部人文社科基金申报的经验分享。我想，这个是我可以讲的，所以我就主动请缨去做了一次嘉宾，将我申报教育部人文社科基金的经验做了一次直播分享。

在直播时，因为我说可以免费向大家公开我的申请书，当时就有几百人加了我的微信，由于人太多，我花了一天的时间才把这些老师都加完。后来我又建了QQ群、微信群，方便分享资料，进行交流。

没有想到，这次很偶然的嘉宾分享后来竟一发不可收拾。

从那时开始，我的教育部人文社科项目带给我的，就远远不是一个科研项目这么简单了。在不断做微课的过程中，我陆续开发了很多与项目申报相关的课程，除了自己主讲教育部人文社科基金申报，我还邀请朋友讲国家社科基金申请和国家自然科学基金申请，并把这些课程都做成了一个专栏叫"基金大牛养成计划"。这个专栏持续更新,因为有越来越多的朋友和老师在听了我的课之后成功中标了教育部人文社科基金,我就邀请他们来做讲座。这里有艺术学、基础学科、思政方向,还有交叉学科;这里有小学老师、中学老师还有大学老师。这里有来自211高校的老师,也有普通高职院校的老师。所以这是一个关于教师科研能力成长的计划,这是一个温暖的集体。

除了讲课,我还会给很多老师做一对一的申报辅导。其实当时我自己的经验也并不是很充足,但是在给其他老师做辅导的过程中,我逐渐摸索并积累了很多经验。我能够快速帮助老师们找到合适的选题,找到合适的方向,能够指出他们申请书里的问题,也能告诉他们一些做项目的经验。即使是一些项目中标的老师,也会经常来找我询问在项目进行中遇到的问题。

我逐渐了解到,其实我们大多数老师,特别是高校"青椒"对于申报课题、做课题,都是在黑暗中摸索的。

而我,就想做一个能点亮他人的人。

确实,在养成"基金大牛"的过程中,如果有人能指点一二,有人能手把手教你填申请书,告诉你一些方法和技巧,也许就能节省大量的时间和精力,可以让你少走弯路,找到成功的路径和勇气。

在我写这本书之前,已经有一些指导项目申报的书了,但是我还没有发现有专门针对教育部人文社科基金申报的书,所以我想做第一个"吃螃蟹"的人。

教育部人文社科基金,可以作为社科类项目申报的基础和入口。我相信,在这个过程中,你会和我一样,成长很多,收获很多。为了做好内容,我还做了与书配套的音频课和视频课,这些内容可以在我的公众号"高校不搞笑"中找到。

我希望,下一个"基金大牛",就是你。

目 录

什么是教育部人文社科基金……………………………001
项目申报要做好哪些前期准备……………………………004
教育部人文社科基金的独特之处…………………………007
如何确定申请教育部人文社科基金的类型………………010
如何做好时间和人员规划…………………………………012
如何找到一个好的研究选题………………………………015
如何结合自身基础确定选题………………………………023
教育部人文社科基金对选题有哪些要求…………………025
如何培养自己的创新意识…………………………………029
项目申报如何找到属于自己的特色………………………033
如何拟出好的项目标题……………………………………036
手把手教你填申请书的 A 表………………………………040
手把手教你填申请书的 B 表………………………………049
项目经费预算怎么填………………………………………054
如何做好项目申请书的文献综述…………………………061
如何用思维导图的方式来做文献综述……………………064
研究目标怎么写……………………………………………069
课题的研究内容怎么写……………………………………071

重点难点怎么写 ······ 074
研究思路怎么写 ······ 077
研究方法怎么写 ······ 081
研究计划进度怎么写 ······ 083
前期研究基础及资料准备情况怎么写 ······ 085
中期成果最终成果预计去向怎么写 ······ 088
如何做好中期检查的各项准备 ······ 092
如何填写《中期检查报告书》 ······ 098
如何在网上提交中期检查材料 ······ 103
如何准备项目的结题 ······ 105
如何申请免予鉴定结项 ······ 109
如何填写结项报告书 ······ 115
附　录 ······ 121
后　记 ······ 173

什么是教育部人文社科基金

在申报教育部人文社科基金项目之前,我们要搞清楚,它是什么?它的主管单位是哪里?它是什么级别?

什么是教育部人文社科基金项目呢?

这个问题的答案我通过百度搜索找不到,在百科上也找不到,在教育部人文社科基金的管理网站上也没有一个明确的答案。

只能找到相关的通知文件。

要想追溯这个问题的源头、历史,好像很难追寻。

从教育部人文社科基金发布的通知来看,基金的主管单位是教育部社会科学司,于是我继续在社会科学司的网站寻找。

关于社会科学司我们可以看到它的职能有三条:

第一条是统筹规划和协调高等学校思想政治理论课教育教学工作;

第二条是规划、组织高等学校哲学社会科学研究工作,组织、协调高等学校承担国家重大哲学社会科学研究项目并指导实施;

第三条是协调直属高等学校和直属单位出版物的监督管理工作,承担教育系统新闻电视的指导和协调工作。

所以,教育部人文社科基金也只是社科规划司的一项工作。

由于教育部人文社科基金所有的材料填报和后期材料提交都是线上提

交,所以教育部人文社科基金真正的官网是"中国高校人文社会科学信息网",但是仔细研究发现,这个网站是中国人民大学主管、主办的为人文社会科学服务的专业性门户网站。

因此,我们可以首先明确,教育部人文社科基金是一个教育部主管的基金项目,但其管理职能有一部分给了高校。

从社科规划司的网站上,我们可以找到最早的文件是 2003 年的项目结题通知。在项目成果库里,可以追溯到 2010 年,但是这个成果库已经很久没有更新。由此判断,教育部基金项目的历史并不是特别悠久。

那么,教育部人文社科基金的级别是什么呢?

这个问题,已经有老师在教育部的网站提问过,也得到过回答(图1)。

图1 教育部人文社科基金的级别

从项目级别上看,各个学校的认定不同。因为它每年和国家社科基金同步申报,在申报条件里,各自的规定都只能二选一,所以有些学校将教育部项目和国家社科基金放在基本同等的地位,但是有些学校将它认定为省部级。但是教育部项目作为一个全国范围的项目,还是很引人关注的。

记得我在项目中标后,是另外一个学校的老师看到我的名字,在微信上恭喜我,我才得知的。而且后来,我原来的大学老师也看到了名单,也发信息来恭喜我。这让我意识到,你中标了教育部人文社科项目,就像经历了一个学术界的成人礼一样,开始正式踏入学术圈。

这是一次精彩的亮相,也是向学术同行展现自己能力和风采的一个途径。

后来我通过做项目,以项目的名义得到了很多珍贵的调研机会。如果没有这个项目,可能很难与那些大咖们谈笑风生,探讨学术问题。

所以教育部项目不仅是一个很好的敲门砖,也是你进入学术圈的名片。

从2018年开始,教育部人文社科项目进行了重大改革。最重要的是时间的变化。教育部人文社科基金不再和国家社科基金同步申报,而是把时间改为了9月初。这才有老师开玩笑说:"原来是过不好寒假,现在连暑假也过不好了。"

面对这样的变革,我想国家层面的考虑是要提高教育部人文社科基金的地位和重要性,让大家都有更充分的时间准备申报。

这其实对于我们申报项目来说是好事,因为暑期的时间更充裕,更有精力准备。

好,了解了教育部人文社科基金的来龙去脉,就让我们一起开启申报之旅吧。

项目申报要做好哪些前期准备

如果你是一个刚刚进入高校的"青椒小白",你在入职前就应该开始考虑申报科研项目了。其实大部分人是在项目申报通知出来时才开始考虑申报项目,如果你在这之前就做了很多准备和努力,那么幸运之神也会更多地垂青于你。

在项目申报中,很多人会犯一些低级错误,很多人没有搞清楚项目申报的规则和限制条件。所以,提前掌握项目的信息,提前做好材料的准备,是做好项目申报的第一步。

首先,你要确定是申报教育部人文社科基金还是国家社科基金。

要申报教育部人文社科基金,最重要的是就要明确它和国家社科基金的区别,因为每年教育部人文社科基金和国家社科基金只能二选一。

这是为什么呢?

我的感觉是,这两个项目的内容重合度比较高,以前可能出现了某些人拿着同样的申请书去申报两个项目,结果都中标的情况,这就造成了国家科研经费的浪费和一种客观上的不公平。毕竟科研项目的数量是有限的,国家肯定是希望资助更多的人出更多的成果。所以，就规定了这个条件。既然有这个条件，那你就要仔细研究两个项目的异同，来决定申报项目的策略。

我认为，对于科研"小白"和没有太多前期成果的申报者来说，可以先尝试报教育部人文社科基金项目。

为什么呢？

以我自己为例，我当时申报的题目是《中国形象在缅甸媒体中的他塑与自塑研究》。但我没有一点前期基础，之前也没有中过省部级课题，学校背景也一般。

我在之前的一年也试过申报国家社科基金项目，但是没有中标。后来，我慢慢明白，国家社科基金项目对前期基础比较看重。没有任何前期基础是很难中标的。所以对于我这种背景弱、资历浅、基础也弱的申报者，就应该先尝试教育部人文社科基金项目。我很幸运，第一次申报就中标了，而且写申请书时并没有花太多的时间和精力，也没有看太多的文献和前人的资料。后来我自己总结，可能还是依靠十几年来的专业学习研究基础，还有就是选题比较创新，贴上了热点。中标后我发现，当年的国家社科基金也有缅甸媒体的研究，而且和我的课题名称很像。之后的两三年，每年的国家社科基金里都有类似选题，证明缅甸作为一个区域研究，始终是一个热点。

所以，贴上热点，再加上自己的学术基础不错，是很有希望中标的。

总体来说，教育部人文社科基金与国家社科基金相比还是要简单一些。所以，如果你是二三线城市、二三本高校的老师，没有什么前期基础，想要申报科研项目的话，可以从教育部人文社科基金申报开始。

仔细去研究教育部人文社科项目的中标课题名称，会发现它的口味很特别，也很难有规律可循。这可能是教育部项目的独特魅力所在。

值得注意的是，连续两年申请一般项目未获资助的申请人，暂停申报资格。所以，最好的策略是第一年申报不上教育部人文社科基金项目，第二年就换国家社科基金项目。就这样不断积累，换着申报，总会有收获的。

教育部每年都会公布形式审查的结果，2018年大概有500多个选题没有通过形式审查，也就说明这里面有很多人可能因同时申报了国家社科基金或者是泄露了个人的信息而没通过。如果是这些原因而导致丧失掉了一次机会是非常可惜的。

教育部人文社科基金的独特之处

搞清楚了基本的一些区别,我们来看看教育部申报要求中一些比较独特地方。

首先,教育部人文社科基金没有课题指南。

不论是国家社科还是一些省的社科规划项目,一般都是有课题指南的。这是教育部项目和其他科研项目非常不一样的地方。

没有课题指南意味着你不必去跟风,去贴指南,而是可以自由选择题目,但是同时你也很容易把握不准什么样的题目是适合做教育部选题的,什么样的题目更容易中标。

我在申报前,把我的选题给其他几个要好的老师说了一下,询问他们的意见。

我还记得有一个中过标的老师跟我说:"这个选题不错,教育部喜欢这样的小题目、偏题目。"

但是也有中了社科基金的老师跟我说:"这个选题是不是太小了,有点难做啊。"

现在想来,他们的意见都是很中肯的。

我在中标后,以教育部项目为由头和一些"大牛"老师沟通时,有一个资深教授直接问我:"你这个题竟然中了?"

他阅题无数,觉得这么小的一个题,好像是很难中的。还有的教授觉得我这个题很有意思,一般都会直接问我:"你为什么要做这个选题?"

如果一个选题有争议,或者能引起大多数人的好奇和兴趣,也许就是一个成功的选题。

其次,教育部人文社科基金是双盲评审,而国家社科基金有三个环节。

在国家社科基金评审中,大多数人的申请书可能都没有机会出省就被否决了。

而教育部的评审是在线进行,双盲评审,就是说你不知道评审专家是谁,评审专家也不知道你是谁,每个人都有被专家评审的机会,这样相对来说是更为客观,更公正、公平。

我想,正是这样,才体现出教育部项目的独特和可贵。

再次,教育部项目是在线提交申请书,而国家社科基金一直用纸质版。

教育部申请书的格式和大部分基金项目不同。教育部的申请书分为 A 表和 B 表,两者之间有着较大的区别。在申报时一定要仔细阅读每个部分的要求,避免犯错。

我认为,你可以尽早下载相应的申请表格,仔细阅读申请表,明确其中提出的各种要求,搜集所需要的各种材料、数据,并就申请书的编排做好打算。

很多信息是要到来年通知下来的时候才能知道。但是,由于原则性的问题不会改变,所以,90% 的信息都通过以往几年的通知和立项名单就可以了解到。

在准备申报项目之前，要重点关注《申报通知》中的"申请须知"和"限项规定"。教育部项目限全国普通高等学校申报，而国家社科可以允许机关和科研院所申报。所以教育部的竞争相对会小一些，人员构成也会更纯粹一些。

最后，教育部项目还有一个比较特别的地方，它设置了一个交叉学科。

国家社科基金则没有这项，如果你是跨学科，也会让你根据和你相近的学科去申报。

根据"小橡木"公众号的分析，2018年教育部项目的立项中，最多的是管理学，其次是交叉学科、综合研究和教育学。所以，这个交叉学科对申报来说是一个重要的选择。事实上，现在很少有不交叉的研究了，大部分研究都是跨学科的。所以，如果你是跨学科的研究，明显有交叉，那就选择这个选项。

我曾经邀请了我的朋友，也是尔雅辅导专家团队的专家，山东某高校的老师来分享他的交叉项目的申报经验。有兴趣的老师可以到我的荔枝微课直播间"尔雅讲堂"里的《科研项目基金大牛养成计划》专栏里查看学习。(课程链接：https://m.lizhiweike.com/lecture2/8779106)

如何确定申请教育部
人文社科基金的类型

首先,教育部基金分很多种,我们一般人申请的都是一般项目,但是也有其他的一些种类,也可以关注。

教育部项目分为重大项目,一般项目,专项任务,西部和边疆地区项目及新疆、西藏项目。

具体的经费和要求见表1。

表1 教育部人文社科基金的类型

类别	具体名称	经费
重大项目	重大招标项目	80万
一般项目	规划基金项目	10万元
	青年基金项目	8万
	自筹经费项目	8万
专项任务项目	包括中国特色社会主义理论体系研究专项、高校思想政治工作专项、高校示范马克思主义学院和优秀教学科研团队建设项目、工程科技人才培养研究专项、教育廉政理论研究专项	未标明
西部和边疆地区项目及新疆、西藏项目	不单独组织申报,申报条件与评审具体事项与一般项目相同	10万

一般来说,教育部重大项目主要是看学校的实力和负责人的学术影响力,一般人很难申请。规划基金项目又针对副教授以上人群,也不适合

"青椒"申请。

青年项目条件比较宽松，具有博士学位或中级以上（含中级）职称的在编、在岗教师就可以申请，年龄不超过40周岁，而国家社科基金的青年项目要求是35岁。所以，你如果过了35岁，申报不了国家社科基金的青年项目，还可以试试教育部的青年项目。

自筹项目须在《教育部人文社会科学研究一般项目申请评审书》（以下简称《申请评审书》）后附上学校财务处提供的委托研究单位经费到账凭证或银行回单等证明材料复印件，同时填写《申请评审书》中的"其他来源经费"栏。

如果你没有博士学位，又不是副教授，就可以通过自筹经费的方式申报教育部人文社科基金。

专项任务项目值得好好研究，包括中国特色社会主义理论体系研究专项、高校思想政治工作专项、高校示范马克思主义学院和优秀教学科研团队建设项目、工程科技人才培养研究专项、教育廉政理论研究专项。

这些项目很看重前期的积累和学校的水平。

专项任务项目适合学校领导和院领导或者是高校的行政人员、辅导员群体申报。

西部和边疆地区项目及新疆、西藏项目其实是和一般项目一起申报的，如果你在西部和边疆地区，就应该抓住这个地域优势，积极申报这个类别。

所以，在申请基金之前，先确定自己想要申请的项目类型。

如何做好时间和人员规划

首先，做好申报的时间规划。

如果按照一年为一个申报周期，我建议前期的准备工作可以分为三个阶段。

以 2018 年教育部人文社科基金的申报为例，当年的申报时间为 9 月，所以我们从 9 月开始，一直到第二年 9 月，来计划三个阶段的主要工作。

第一阶段，9—12 月。这个阶段的主要任务是查找文献、确定研究选题、准备写文献综述。

第二阶段，1—6 月。这个阶段的主要任务是撰写申请书的初稿，准备相关与课题申报有关的材料。

第三阶段，7—8 月。这个阶段正好是暑假，是不断修改申请书的阶段。这个阶段的主要任务就是让有着高水平的学术同行来讨论来完善申请书，让他们提建议，并按照他们的建议进行修改。

当然，很多人是到了七八月才开始写申请书，修改工作可能是申报前最后一周才进行的。

这是很正常的，人都有惰性，很少有人会严格按照这个时间阶段来做课题申报的时间规划。

总之，你要做好属于自己的时间规划，宜早不宜迟。

其次，做好人员准备。

人员准备是要在前期就开始物色并初步确定你的项目组成员，不要等到最后快提交申请书时再去找你的项目组成员。

其实对于文科类的项目，大部分的工作都是项目负责人在做，项目组成员的贡献度是比较少的。所以，国家社科基金从2018年开始进行了改革，在前期基础这块内容中，原来是写项目组的前期成果，后来直接改为项目负责人的前期成果，更加侧重于考察项目负责人的学术能力和基础。

这就从一个侧面反映国家级项目更看重项目负责人的能力。

但是教育部人文社科基金申请还是要写项目组成员的前期成果，所以对于项目组成员就需要考察其前期成果与你的项目是否相符或者相近。

在组建项目团队时，也需要更多考量成员对你的申报能带来的促进作用。你可以从项目申请开始时，就开始联系你的项目组成员，有些人可能自己也要报，这样就无法参加别人的项目。

这个时候说是"抢人"也不过分。因为一个学术圈的顶级人才就那么多，年轻老师就更少。所以你可以提前布局，与朋友、同事、专家约定好，在七八月份就可以开始做人员方面的准备工作了。

现在各个行业都在抢人才，比如华为的一个AI团队的50多个人集体被苹果公司高薪挖脚。如果你的课题组成员里面有非常厉害的人物，有比较合理的人员配备，则可以对整个申报工作起很大的促进作用。

我的建议是，在申报前，可以拜访3～10位校内外同行专家，听取他们对自己的项目定位的意见。你也可以与自己的研究生导师保持联系，征询导师的意见。

而且，可以在申报前期参加2～3个相关的学术会议，了解最新的研究动态，把握相关的热点问题，看看别人在做什么，广交朋友，不断寻找灵感，说不定有很多意外的收获。

如何找到一个好的研究选题

教育部人文社科基金项目最大的特点是没有课题指南，这就需要我们自己去寻找选题，确定选题。

选题是一个项目能否立项的关键。

什么样的题目是一个符合教育部人文社科基金项目定位的选题呢？

我们的选题又从哪里来？

如何确定选题的大小和范式呢？

我想在这里给你一些建议和参考。

去哪里找选题？

找选题最好的渠道就是教育部人文社科基金的官网——"中国高校人文社会科学信息网"（图2）。

这个网站里有往年的立项名单、成果、要报、相关论文及热点新闻等，你还可以从它的论文库中搜索到往年以教育部社科基金名义发表的论文、成果（图3）。

图2 中国高校人文社会科学信息网

图3 往年立项名单、成果、要报、相关论文及热点新闻等

但是,仔细搜索后发现,这些项目成果时间都比较久远,大多是2010—2011年,近年来的成果在网站上并未呈现。

我在写结项报告时,几乎把这个版块翻了个遍(图4),只找到了几个跟本学科有关的项目成果,但是也能从中学习到一些项目报告的写作方法和写作思路。

图4 项目成果

如果你想搜索研究人员、机构和成果，还可以在网站的"常用速查"这个版块检索（图5）。

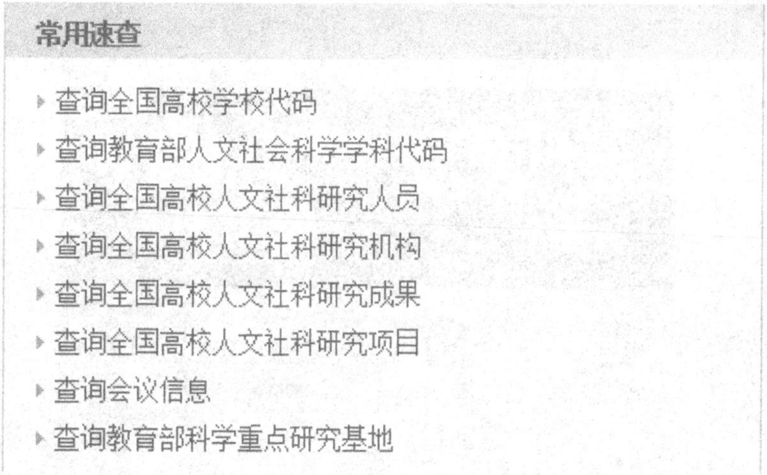

图5 常用速查

这个版块点开"查询高校人文社科项目查询"按钮的页面如图6所示，你可以输入一些关键词来进行搜索。

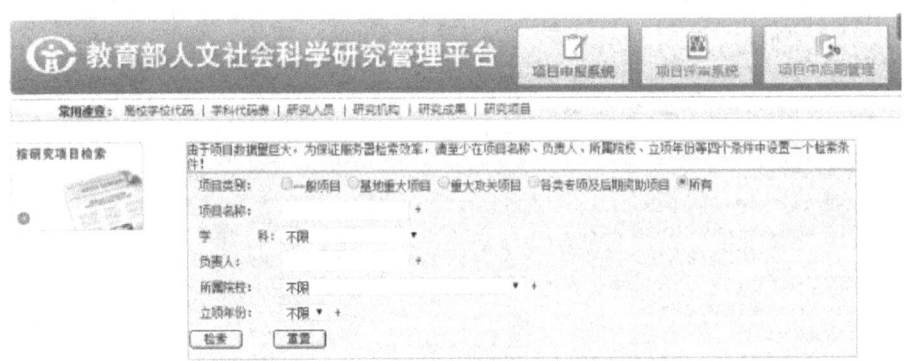

图6　查询高校人文社科项目查询

如果你只是想寻找选题，你还可以在"选题宝"公众号中，利用关键词搜索项目信息。

首先，在微信中搜索"选题宝"，进入公众号后，点击"科研大数据"按钮。在网站页面中，点击"立项分析"（图7）。

图7　立项分析

然后，从这个立项分析页面会跳转到一个新的页面。这里会有一个教育部一般项目的选项。记得勾选这个选项。然后输入关键词和学科，进行检索（图8）。

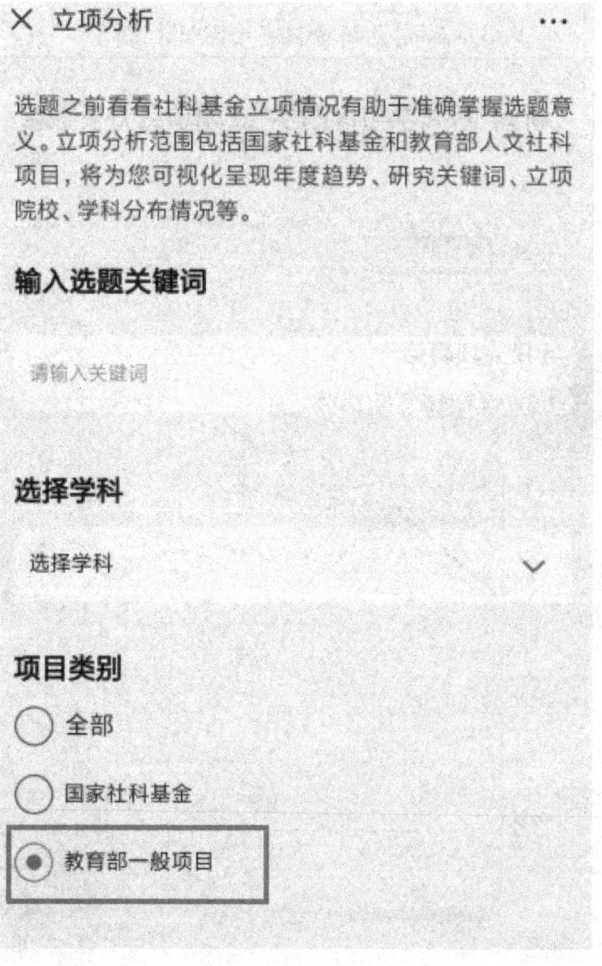

图8 立项分析检索

我以"新闻"为关键词,在新闻与传播学学科里查找。得到了99个立项项目。点击"查看全部"按钮,即可以查看到全部跟这个关键词有关的立项信息(图9)。

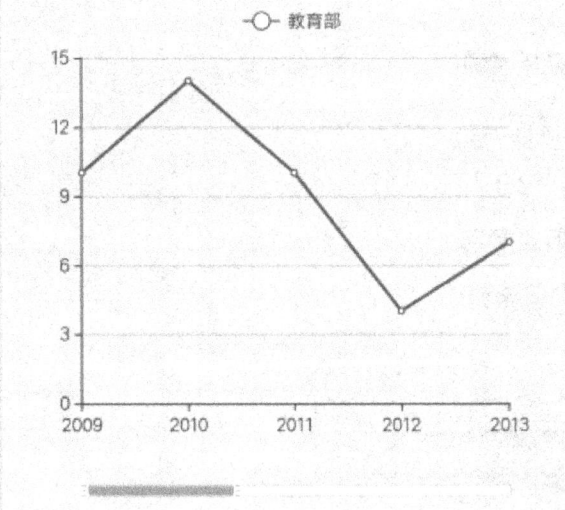

图9 "新闻·新闻学与传播学"立项项目分析报告

通过查看这99个项目的信息,我们可以获得选题的题目、立项人、时间等信息,这对我们进行选题的把握和寻找方向有很大的启示作用(图10)。

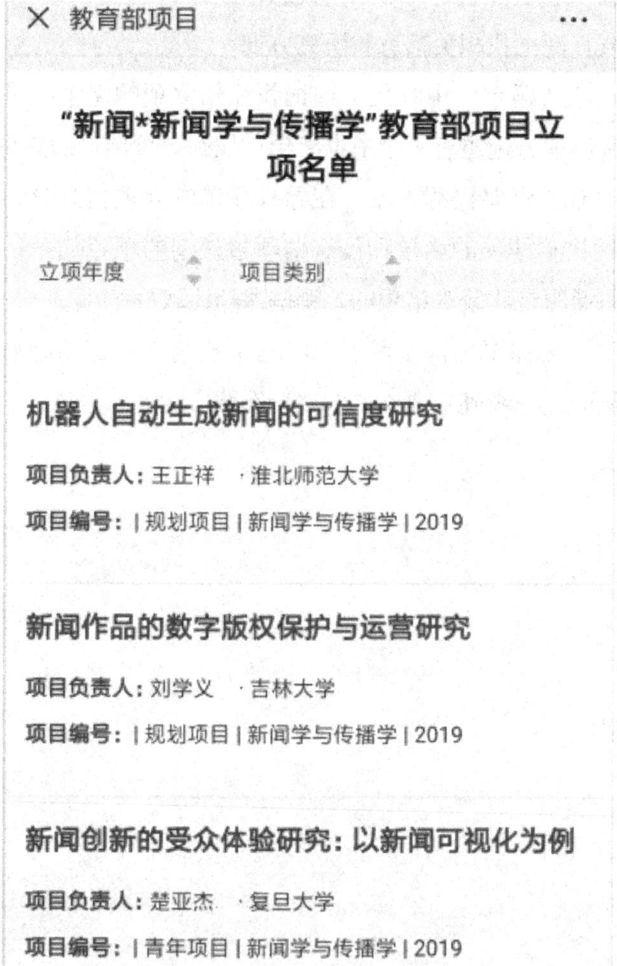

> **× 教育部项目**   ···
>
> ### "新闻*新闻学与传播学"教育部项目立项名单
>
> 立项年度 ⇅   项目类别 ⇅
>
> **机器人自动生成新闻的可信度研究**
> 项目负责人:王正祥 · 淮北师范大学
> 项目编号:|规划项目|新闻学与传播学|2019
>
> **新闻作品的数字版权保护与运营研究**
> 项目负责人:刘学义 · 吉林大学
> 项目编号:|规划项目|新闻学与传播学|2019
>
> **新闻创新的受众体验研究:以新闻可视化为例**
> 项目负责人:楚亚杰 · 复旦大学
> 项目编号:|青年项目|新闻学与传播学|2019

图10 "新闻·新闻学与传播学"教育部项目立项名单

从以往立项的名单和对教育部项目相关论文成果的分析研究中，我们可以对教育部项目的选题大小，喜爱的风格，聚焦的热点有一个大致的了解。

所以，我在这里再总结一下如何找选题。

首先，从官网上找相关信息和研究方向。

其次，在"选题宝"中利用关键词找往年立项的名单，进行综合比较分析后，做到对项目选题有一个基本感受，找到申报项目的感觉。

最后，还有一点要提醒大家，在寻找往年的立项信息时，还要在通知公告中，查找往年结项的名单和没有结项被撤销的项目名单，从这里你可以看到有哪些课题是比较难结项的，哪些课题比较好结项。

未雨绸缪，你需要提前了解所做的这个选题方向好不好结项，以及结项的要求，从而进一步确定要不要做这个选题方向。

如何结合自身基础确定选题

在做了前期搜索和分析的工作后,你应该再结合自身的条件和情况来确定大致的选题方向。

我建议你把近年来发表过的论文,以及中过的项目和感兴趣的研究都列一个单子。你可以用思维导图的方法,把你的成果通过一张图展现出来,从中发现他们之间的联系和逻辑关系。哪个方向成果最多,就先从哪个方向入手去考虑选题。

当然,也许你想写的这个选题,前期并没有太多的研究成果,那也不用灰心。我自己中标的项目就是没有相关前期研究成果的。

所以,如果你有前期基础,那就从前期基础中多去考虑选题。如果实在没有,就通过做文献综述来确定选题。

我在辅导很多老师申报项目时,都会找老师们要他们的前期成果来看。这样有助于我帮助老师们分析自身的优势和劣势,以及帮助他们确定选题。在确定选题这个环节,我认为非常需要专家的帮助和建议。我的朋友小嘉老师,在确定选题时来咨询我。

她和我说了她这些年的情况:"研究做得比较杂,基本各个领域的都有一点,也没有找到一个合适的方向,所以在选题时就很迷茫,很困难。"我想她的情况也是大多数"青椒"面临的状况。我让她把前期的成果都发给我看一下,然后一一帮她分析。她的前期成果涉及四五个领域,确实很杂,我看了后,感觉还是她的博士论文的基础最好,以此作为选题最佳。

她说:"你和我的导师给我的建议一模一样!但是,我觉得当时写博士论文太痛苦了,不想再继续了,真的是不想再做这个方面的研究了。"

"对,就是因为你这个选题是你基础最好的,而且又最能体现你的学术能力,所以我才负责任地建议你做这个题。"我很坚定地告诉她选择这个才是最好的。虽然很不情愿,小嘉老师还是接受了我的建议。因为我说的每一句话,几乎都和她的导师给她的建议一样。整个咨询过程,就是在打消她的怀疑和犹豫,坚定她的信心,给她勇气。我对她说:"英雄所见略同,如果两个对你比较熟悉的朋友专家都认为你该做这个题,那么你就不要再犹豫了。因为适合你的才是最好的。"

为了进一步帮她确定选题,我们又从当前的几个热点出发,进一步细化并明确选题的内容、框架、思路。在经过了两个小时的讨论后,小嘉老师终于下定了决心,明确了选题和方向。

通过这个过程,我也发现,其实确定选题的过程就是不断消除犹豫、坚定信心、发现自己的长处、选择一个既适合自己又能在某一方面有所创新的选题的过程。

因为我在给很多老师辅导时,发现他们拿给我写好的申请书,选题本身并不是特别好,有的可能需要重新推翻,另起炉灶。我总是想,如果他们在确定选题时就与我联系,和我讨论,可能后面的项目论证和写作就会轻松很多,也不用白费那么多功夫。选题的确定是最复杂也是最耗时的,而且如果一旦确定,后面的工作就会顺利很多。

在国家社科基金申报时,有专家归纳出选题的权重可以占到30%甚至更多。而对于教育部人文社科基金,这一权重可能会更高。

教育部人文社科基金对选题有哪些要求

教育部项目虽然不设选题指南，但是对于选题还是要有一定要求的。

申请者要认真学习领会习近平新时代中国特色社会主义思想和党的十九大精神，申报课题要体现鲜明的时代特征、问题导向和创新意识；基础研究要密切跟踪国内外学术研究前沿和学科建设需要，体现具有原创性、开拓性的学术创新价值；应用研究要立足党和国家事业发展需求，聚焦全局性、战略性和前瞻性的重大理论与现实问题，体现具有针对性、实效性的决策参考价值。

这是申报公告里的一段话，其实它已经包含了对选题的要求。

保持政治敏锐性是第一位的

对于保持政治敏锐性，最好的方法就是平时要多看新闻联播和《人民日报》，特别是社论，评论员文章这些要多看，从中找到选题灵感的源泉。例如，党的十九大精神，还有与人类命运共同体相关的选题就是近年来出现的热点。在2016年以前，这样的选题还很少，几乎没有。但是2017年以后,每年的国家社科基金项目指南中都会有相关的题目出现。

我在辅导很多老师项目书时发现,乡村振兴、非遗保护、"一带一路"等,都是大家都会考虑的热门选题方向。但是正因为大家都往这些方面去做,反而会削弱选题的创新性。在前期基础不如别人的情况下,这样的热门选题反而不容易中标,那么如何来兼顾热点和创新呢?

我们就要看如何凸显问题意识和创新意识了。

具有问题意识和创新意识。

我在辅导很多老师做项目申报时,发现的一个普遍问题就是缺乏问题意识。我发现找我辅导的有些老师的申请书没有"问题意识",大多都停留在论述层面,就事论事,描述现象。

那什么是"问题意识"呢?我自己也思考了很久。我觉得,找到具有理论价值的问题是做出理论创新的前提。因此,"问题意识"中的"问题"应该是"具有理论意义的问题",而不仅仅是制度和法治层面的问题,只有这样,我们才能经由对这一问题的研究提出具有解释力的理论。

而所谓理论问题就是现有理论解释不了的问题。

我认为,在学术研究中,需要找到"具有理论意义的问题",很多老师的论文和项目申请书也有现象、问题、对策三个部分,但是说来说去就是一个非常常见的现实问题。

例如,有一个找我辅导的小徐老师做了很多关于养老的研究,他有一次要申报省哲社项目,想以当地的文化礼堂为题,把这个作为项目的问题和着眼点。文化礼堂怎么做确实是一个现实问题,但是这个问题是不是有理论价值呢?

现有的理论是不是解释不了文化礼堂这个问题呢?显然不是。

文化礼堂已经是一个现实的存在，如何做，只是现实生活中需要完善和改进的问题，类似于一个行业咨询报告，而我从其中看不出任何有价值的理论问题。

有很多老师的申请书都存在这个问题。对于理论问题很少涉及，所以在写理论创新时，都只能蜻蜓点水般略过。多数人没有发现问题表象背后的深层结构，而是就事论事地展开研究，其理论深度自然大受影响。

那么，我们如何才能从表面的现实问题中找到那些蕴藏着理论深度的问题呢？

我认为，一个理想的研究对象应该是理论含量比较丰富的，是那些既能"大处着眼"又能"小处入手"的问题。所谓"大处着眼"，就是指对该问题的研究可以有一个宏观的理论视野，能够创造出一种理论；而所谓"小处入手"则是指对该问题的研究能够找到一个可以操作的、可供分析的论据较多的切入点。例如，我的教育部项目是研究国家形象塑造问题，是从大处着眼，而具体的研究对象是缅甸媒体，则是从小处入手，有很多可操作、可分析的切入点。

我们很多老师的选题只能做到"小处入手"，却无法做到"大处着眼"。这就是难以中标国家级项目的症结所在。

如何找到合适的有问题意识的选题呢？

首先，我认为要尽量选择那些长期以来存在理论困惑的题目，而不单纯是在现实生活和实践中问题丛生的选题。

例如，养老研究中的一些代际传播问题、结构化矛盾问题，而不是某些地方政府可以通过建一个广场、建一个礼堂来解决的这种问题。

其次，要注意现实实践问题与该问题背后反映出的理论问题的差别，我们要把实践问题转化成理论问题，进行理论层面的思考、分析和总结。

这不是说我们在申请书里贴一个或者几个理论就完了，那样会造成两张皮，我们要用理论的思维和框架来分析现实问题，并把这个问题转化为一个理论问题来思考。

再比如养老研究，我后来建议小徐老师写代际传播问题，对一个村庄或者城镇进行民族志的实证研究。这样，还是从文化礼堂这个研究对象出发，把它作为一个田野的观测点，而不是对怎么去做文化礼堂提出具体的建议。这就把一个现实问题转化为一个传播学研究领域的理论问题。

当然，你也可以从经济学、人类学、社会学的视角来看文化礼堂的建设，但是从文化礼堂这个视角出发，我们要看到更多的理论问题，而不是实践问题。

如何培养自己的创新意识

有了"问题意识"，我们还要有创新意识。

很多老师认为写一个别人没有研究过的题目就算创新了，或者说这个问题其实前人已经有很多研究了，我真的不知道该怎么创新了。

甚至有的老师看到有别人中过的题目，就觉得不能再写了，其实不尽然。

拿缅甸研究来说，近年来中标的缅甸研究我都很关注，我发现很多都是从媒体角度来写的，只是措辞和角度上略有不同。

以下是我搜集的一些关于缅甸媒体研究的题目，你是不是会感觉大家把能写的都写完了？但是每年都会有这方面的题目中标。而且云南的缅甸研究院几乎每年都会有和缅甸相关的国家社科基金课题中标。

以下是我在选题宝里找到的国家社科基金中关于缅甸项目的立项信息。

> 缅甸涉华舆论现状、传播特征及引导策略研究
> 项目负责人：王建陵　云南·云南师范大学
> 项目编号：18BXW064｜一般项目｜新闻学与传播学｜2018-07-02
> 中国对缅甸国际传播效果评估研究
> 项目负责人：单晓红　云南·云南大学
> 项目编号：16AXW005｜重点项目｜新闻学与传播学｜2016-06-30
> 新时代中国对湄公河国家国际传播能力建设研究
> 项目负责人：李昌　云南·昆明理工大学

项目编号：18BXW067｜一般项目｜新闻学与传播学｜2018-07-02
中国非物质文化遗产在东南亚的跨文化传播效果与提升路径研究
项目负责人：戚剑玲　广西·南宁师范大学

项目编号：　一般项目｜新闻学与传播学｜2019-06-25
东南亚华文媒体的网络传播力研究
项目负责人：戴明　福建·华侨大学

项目编号：17BXW064｜一般项目｜新闻学与传播学｜
"一带一路"背景下东盟国家华侨华人谱牒跨文化传播研究
项目负责人：邢永川　广西·广西大学

项目编号：　一般项目｜新闻学与传播学｜2019-06-25
"一带一路"背景下中国在东盟地区主流媒体中的国家形象研究
项目负责人：李凤萍　云南·云南大学

项目编号：　一般项目｜新闻学与传播学｜2019-06-25
东盟各国传播"一带一路"差异化研究及启示研究
项目负责人：许燕　上海·复旦大学

项目编号：　一般项目｜新闻学与传播学｜2019-06-25
东盟国家对"一带一路"倡议的媒介话语研究
项目负责人：谢卓华　广西·广西财经学院

项目编号：18BXW026｜一般项目｜新闻学与传播学｜2018-07-02
战略传播在构建中国—东盟命运共同体中的作用及路径研究
项目负责人：王辉　广西·广西大学

项目编号：18BXW070｜一般项目｜新闻学与传播学｜2018-07-02
"一带一路"背景下中国网络游戏在东盟的跨文化传播研究
项目负责人：薛强　广西·广西大学

项目编号：17CXW005｜青年项目｜新闻学与传播学｜2017-06-30
"一带一路"背景下中国对东盟地区的国家形象传播战略研究
项目负责人：吴献举　广东·广东财经大学

项目编号：16BXW061｜一般项目｜新闻学与传播学｜2016-06-30

"一带一路"背景下中国在东盟地区的国家话语权建构和战略传播研究

项目负责人：罗奕　广西·广西艺术学院

项目编号：16CXW024｜青年项目｜新闻学与传播学｜2016-06-30

中国东盟一体化进程中边境城市品牌传播研究

项目负责人：李庆春　广西·广西民族师范学院

项目编号：15XXW004｜西部项目｜新闻学与传播学｜2015-06-16

"丝路精神"下中国国家形象在东盟国家的传播策略研究

项目负责人：罗幸　广西·广西艺术学院

项目编号：15BXW075｜一般项目｜新闻学与传播学｜2015-06-16

中国－东盟传媒合作的现状、问题与对策研究

项目负责人：李庆林　广西·广西大学新闻传播学院

以下是教育部人文社科基金的相关项目：

东南亚华文媒体中国报道研究——基于近十年《联合早报》和《星洲日报》中国报道的分析

项目负责人：蔡梦虹　广东·韩山师范学院

项目编号：青年项目｜新闻学与传播学｜2019

东盟国家华文媒体在建构"丝路精神"认同的现状、问题及对策研究

项目负责人：罗奕　广西·广西艺术学院

项目编号：15YJc860019｜青年项目｜新闻学与传播学｜2015

　　从上述课题来看，关于缅甸的课题大部分是国家社科基金，教育部人文社科基金较少，而且中标的大都是云南和广西的高校，因为有地域优势。所以我所在北京的一个二本学校能够中标，也从侧面反映了教育部人文社科基金盲审的公平性。

　　很多选题，是常做常新的。比如缅甸，每年都有新的情况，都有新的

问题,很多问题都有新的角度。所以如果你关注一个领域、一个行业、一个地域,多留心、多发现,就会找到适合你的那个选题。

很多人都会好奇地问我为什么会选择做缅甸媒体的研究。

是的,这确实是很偶然的一个选择。因为我的先生在缅甸做能源投资工作,经常要去缅甸出差,每次回来都会给我讲缅甸的新闻。从2007年开始,我就与缅甸结缘,因为先生的关系,我去关注缅甸,了解缅甸。但是我从来没有想过要把自己研究与缅甸结合。

直到2015年申报教育部人文社科基金时,我在家里纠结不已,先生正好出差回来,我就跟他聊起此事。他听了后,丢给我一句话:"那你还不如写缅甸。"也就是这么不经意的一句话,一语惊醒梦中人。这时离提交申请书只有一天的时间了。我顿时有了灵感,有了方向。马上开始查文献,写申请书。因为思路清晰,目标明确,我在一天之内就写完申请书提交了。

在写申请书的过程中,我发现,这几年对于缅甸的观察、思考都顺理成章地变为了文字,写申请书的过程就像在讲一个故事,非常顺畅,没有一点犹豫和为难之处。这样看似一个偶然的选择,其实也蕴含了很多必然性。

确实,如果没有对缅甸长达数年的了解和观察,如果没有国际新闻学理论十年的积累,是很难在一天之内写出一个中标的申请书的。所以,我也想通过我的申报故事告诉大家,很多看似偶然的选择,其中有着必然性。

就像我后来做微课、做辅导,也是长达数十年的积累才能提炼出一些心得和经验与大家分享,而且我发现这才是我真正想做的事情,而我需要研究的东西更多了。

功夫不负有心人。我相信你也会和我一样,找到属于自己的那个真正感兴趣的领域。

项目申报如何找到属于自己的特色

我在和老师们沟通确定选题时，大部分老师有很多很好的想法，也会去求新求特，但是落实到纸面上时，就发现自己根本不是内行，基础浅薄，写起来格外费劲。

所以在确定选题时，一定要根据自己的研究基础和学历背景来定题。

我自己的经历就足以说明问题。在当年申报教育部人文社科基金时，我一开始对环境传播的这个议题感兴趣，因为在当年，雾霾议题是一个非常热的点。

我之前一直很关注这块的信息，所以很想就这个题做研究。但是我在阅读文献，查找资料，再到写申请书的过程中，非常痛苦，经常感觉能力不足。因为我还没有发表过这方面的论文，没有这方面的研究基础，我所认为的了解，也只是我从新闻和纪录片中得来了主观感受，而这些，是无法在短时间转化为我的学术积累的。

所以，在努力了一个多月之后，我就放弃了。这才有了后来我花了一天时间写出申请书的故事。

而在后来另起炉灶写本子的时候，我发现，虽然我没有相关研究基础，但是我在国际新闻和传播这个领域已经学习耕耘了十几年，话语体系和内容都是我熟悉的，研究范式和框架都是现成的，所以能很快转化为书面的文字，写得非常流畅。

在这里，我想告诉你，如果你对一个领域只是一知半解，仅凭兴趣，是很难把这个选题写好的。但是，人们往往不愿意去走那个熟悉的路，人们都喜欢探险。

就像前文所说的小嘉老师，也是不甘心写自己已经有基础的博士论文的方向，还是想求新求特。

其实每个人都是喜新厌旧的。

但是，做研究，写论文，做项目，还是要做自己拿手的领域。

后来，我虽然中标了教育部项目，但是在做项目的过程中，也经历了很多的痛苦和磨难。

归根到底还是自己的能力和积累不足。

因为我在缅甸媒体这个领域毫无积累，无人脉，无资源，无材料，完完全全是一个"三无"人员。所以，我也想把我这几年做项目的经历告诉大家，让大家在开头时就选好一条康庄大道，而不要走羊肠小道。也许你可以幸运地中标，但是中标不代表你就可以把这条路顺利地走下去，要不然就不会每年都有那么多无法结项的学者在那里懊悔不已了。

选题是重中之重，说了这么多，如果你还是无法确定自己的选题，这个时候最好找专家咨询，找朋友聊聊天，也许与他人的交流中，能慢慢找到自己的答案。

其实，大部分刚刚开始申报的年轻学者的根本问题是信心不足，而不是能力不足。这是我和很多申报者交流的感触。

虽然很多人最后都没有中标，但是他们经历了一次项目申报的过程，他们就在学术的道路上更进了一步。

一次、两次失败是很正常的，不要自怨自艾，毕竟这是千军万马过独木桥，而且也存在一定的运气成分。

只要坚定信心，找准自己的方向和领域，成功就会在某个时刻突然来到你面前。

我认为还有一点很重要，就是要打开心扉做学术研究。

国内人文社科研究领域的学者平时都是忙自己的研究，很少与同行交流，即使有学术研讨会，也很难有深层次的交流。

我之所以很喜欢分享我的学术经验，也喜欢给他人做学术辅导，其实就是慢慢悟到："给予就是获取。"

和不同学科的人做有深度的学术交流，总是感觉特别开心，而且这种幸福感是发自内心的喜悦。

如果你总是觉得报项目是痛苦的，连头都不想开，我就建议你仔细思考一下自己的人生的目标，毕竟人的生命是很短的，自己到底想要什么，是要一个项目，还是在一个自己喜欢的领域继续学习。

这些都是在选题阶段很关键的问题。

如何拟出好的项目标题

如何拟出好标题?

从选题到标题,其实还有一段路程。凝练标题其实也是一个不断深入思考,思维不断升华的过程。

我认为,拟项目申请书的标题其实和写新闻标题很像,标题要反反复复琢磨和修改,才能达到一鸣惊人、一看就能吸引读者的目的。

项目标题虽然不像新闻标题那样需要标新立异,但是也要吸引眼球。

我想从对新闻标题的特点来谈谈对项目标题的要求。

什么样的标题是一个好的标题呢?

首先,好的标题要言简意赅,主题突出。

有学者曾经研究过项目标题的长度,一般是 20~25 字为宜。因为封面留空最长只能容纳 20 个字,如果再多几个字也可以,可以通过压缩字间距的方式解决。字数不能太少,太少不能表达项目的内容,也不能太多,太多显得太冗长,专家也记不住。

国家级、省部级项目一般不加副标题。虽然我也见过个别加副标题的中标项目,但是这是极少数,在没有把握的情况下最好不要去冒险。

现在的新闻标题特别是网络新闻标题，几乎没有看到有副标题的，而且标题字数是越来越长。因为现在的人们是越来越没有耐心，往往就看一个标题就不会往下看了。专家也是一样。专家的时间是很有限的，看一个申请书往往就几分钟时间，而且要在规定的时间内看很多申请书。有一些评审专家告诉我，他们往往就是看标题决定一个申请书的命运，如果标题好，可能还往下看一眼，如果不好，可能都不会看就直接淘汰了。

听到这里不要吃惊，对于评审人来说，做决定的时间就是几十秒。这就像我们老师改考试试卷、改作文、改作业一样，往往就是几十秒的时间给出一个分数来。

其次，好的标题要引人注目，有视觉冲击力。

有很多老师的选题其实不错，但是标题却读起来平淡无奇，读完一遍完全记不住，留不下深刻的印象。

很多老师为了追求新意，喜欢在标题的头部加一个"某某背景下""某某视域下"这样的帽子，这样可能会好一点，但是也起不到视觉冲击的效果。

我们要在标题里尽量写出一些比较不一样的词汇。

比如有一年国家社科的指南是《"讲好中国故事"的传播理论分析与诠释》，而中标者在这题目里加了一个"元"字，变成《讲好中国故事的"元叙事"传播战略研究》，加一个"元"字，整个研究的内涵和深度就不一样了。所以哪怕有一字吸睛，也能大大增加中标的概率。

最后，好的标题要有悬念。

悬念是网络新闻标题常用的手法，如《深航空姐飞机上不雅照网上疯传，据调查是……》《她曾经是最红女明星，是某某的爱人，现在沦落到街头卖保险……》

这是我们经常会在各种地方看到的新闻标题，虽然这种写法不可能用在项目申请书中，但是，项目标题一样也可以做到有悬念。

项目标题如何做到有悬念呢？

项目标题虽然都是陈述句，但是也能在标题里体现问题意识，让人产生好奇。下面是我收集的几个2019年教育部人文社科项目的立项项目标题。

> 1.建立高校"八维一体"思想政治教育生态共同体的路径研究
>
> "八维一体"是个什么？好像没有听说过，很想看看申请者怎么自圆其说。
>
> 2.中医药文化国际传播的规律及策略研究
>
> 中医药好像还没有看到有研究国际传播的，这个话题应该有趣。
>
> 3.青年马克思的黑格尔转向研究
>
> 这个好像是一个故事。

好的标题是有生命的，是能让人一看就明白并产生兴趣的。

对于标题的结构，有学者曾经总结出一个规律，即偏正机构＞动宾结构＞联合结构＞主谓结构。

例如可以将动宾结构的《提升某某地区的某某能力研究》，可以改为《某某地区的某某能力提升策略研究》。

我相信，好标题是改出来的。

曾经有一个学员，拿着8个自拟的题目来找我咨询。很有意思的是，他的这8个题目是一个比一个拟得好一些，一眼看去，当然是第八个最好。

但是他没有信心，总是犹豫不决，不知道该定哪个标题更好。

当我告诉他，我觉得第八个最好的时候，他好像突然得到了一种肯定。其实他自己的心里已经有了答案，只需要我给他进一步确认而已。

从我辅导的经验来看，标题确实是越改越好的。所以，当你修改到第八遍、第九遍的时候，这个标题基本就成熟了。

如果你总觉得哪里还不对劲,还不够完美,那就继续思考修改。如果你拟了很多个标题还犹豫不决,你应该找身边的朋友或者是专家给你看看,把把脉。

英雄所见略同。相信我,也相信你自己。

手把手教你填申请书的 A 表

在确定选题后,我们就应该着手开始写项目申请书了。

教育部人文社科基金项目分为 A 表和 B 表两个部分。

因为是双盲评审,所以 A 表主要是填个人信息。

而 B 表就不能体现个人信息了。

首先,要登录"中国高校人文社会科学信息网",找到项目申报系统,点击进去后,可以看到申请书模板。一定要下载最新的模板,因为每年模板的一些内容和细节都可能会有所改变(图11)。

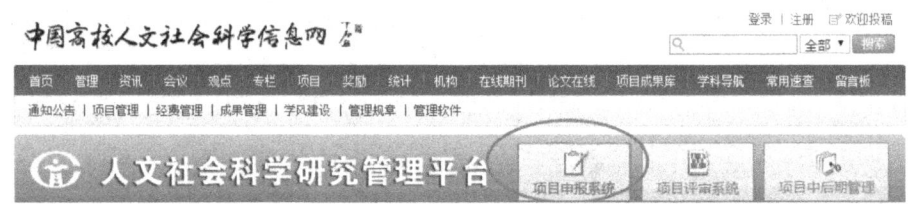

图11 项目申报系统

在通知公告栏,找到项目申请书模板。注意,不同项目的申请书是不一样的(图12)。

```
通知公告                                           MORE
◆ [置顶]2020版教育部人文社会科学研究一般项目申请评审书下载      2019-08-26
◆ [置顶]2020版教育部人文社会科学研究专项项目申请评审书下载      2019-08-25
◆ [置顶]教育部社科司关于2020年度教育部人文社会科学研究一般项目申报工作的通知  2019-08-23
◆ [置顶]文件参考：高等学校哲学社会科学繁荣计划专项资金管理办法    2016-10-28
◆ [置顶]教育部人文社会科学研究管理平台注册与登录说明          2016-10-10
◆ 第八届高等学校科学研究优秀成果奖（人文社会科学）申报评审表下载  2019-01-25
```

图12 项目申请书模板

点击下载后，会跳出一个提示页面，这个页面的信息非常重要，要仔细看（图13）。

2020版教育部人文社会科学研究一般项目（规划基金、青年基金与自筹经费项目）申请评审书下载：

下载一般项目申请书（自解压版）　　　下载一般项目申请书（压缩版）

图13 下载提示

下载并执行解压后，请先阅读其中的"简要操作说明.doc"，对Microsoft Word的"宏"安全性进行必要设置。

同时请特别注意，"教育部2020年规划、青年及自筹经费项目申请评审书.doc"必须使用Windows版的Microsoft版的Microsoft Word软件来进行编辑处理（不支持苹果电脑版的Word），且严禁使用金山WPS软件进行任何操作！

另外，如果申请书中的内容涉及图表，请先另建文档，在其中将图表做好后，以截图方式将图表内容截取成图片，再粘贴到申请书对应正文区域，以免破坏申请书中隐含的脚本程序，导致最终无法通过"检查填报内容并保护文档"这一关键步骤。

教育部人文社科申请书的格式用"宏"的模式，方便在网上提交的时候保证格式的准确性。所以打开申请书，先要把word文档调整成可以修改的模式。

教育申请书是不能用苹果电脑的 word 的,如果你要填表,还是要找一台 Windows 版的电脑。而我一般习惯用 WPS,以及它的云文档存储文件,但是填表时也是不能用 WPS 的。

还有就是图表问题,一定要在另建的文档里作图,然后截图,再粘贴到申请书中。

截图可以使用 QQ 自带的截图功能,如果你的电脑上安装了 QQ,点击 ctrl+alt+A 三个热键,就可以拖动鼠标进行智能截图了。如果你觉得 QQ 截图的效果不好,也可以使用电脑右上方 Print screen 的截屏按钮,然后打开"画图"软件,进行图片的裁剪和编辑。

我建议你在写申请书时要多保存几个版本,认真阅读《简要操作说明》。为顺利完成填报,建议您先填写"项目基本信息""申请人基本信息""课题组成员信息"和"经费概算"这四栏内容,填完后至少保存一份文件副本作为备份,再继续去填写申请书中正文段落性的地方。万一后续填写过程出现了脚本错乱性问题,您还可以基于之前的备份文件来重填,能够减少不必要的操作与麻烦。最好是每个修改的版本都保存一下,以防 word 不稳定崩溃所导致的内容丢失。

申请书填写步骤:

①项目基本信息、申请人基本信启、课题组成员信息、经费概算通过下面相应按钮填报、修改。

  a) 项目基本信息: [点击此处填报]

  b) 申请人基本信息: [点击此处填报]

  c) 课题组成员信息: [点击此处填报]

  d) 经费预算: [点击此处填报] (请参考繁荣计划专项资金管理办法填写)

②在申请书表格中直接填写相关课题论证内容(表格中有灰色底纹的部分不能直接填写或修改)。

③点击 检查填报内容并保护文档 按钮，以检查填报内容是否符合要求并对本申请书进行保护。为了防止申请书被他人篡改，可以在保护过程中设置密码，但请牢记以便在修改申请书时使用。检查顺利完成后，申请书第一行会出现"您现在可以上传申请书"的提示，此后，才可以到项目申报网站去上传申请书。

④打印、上传申请书。

a) 项目基本信息

A 表：

教育部人文社会科学研究项目

申请评审书

项目类别：<u>一般项目或者是青年项目</u>

学科门类：<u>如果是交叉学科可以直接写交叉学科</u>

课题名称：<u>如果一行写不下可以换行，但是要检查打印出来的格式</u>

项目负责人：<u>单名可以中间空一格</u>

所在学校：<u>（盖章）学校最后会在这里盖章</u>

学校代码：<u>　　　　　　　　　　　　　　　</u>

申请日期：<u>　　　　　　　　　　　　　　　</u>

b) 申请人信息

这部分有两个细节需要注意,填通讯地址和邮编的时候不要填自己的家庭地址,而是填学校地址。因为教育部项目是不需要和你个人联系的,都是通过学校联系申请人。E-Mail 地址我也建议用学校邮箱,而不是个人邮箱(表2)。

表2 申请人信息表

申请人信息					
姓名		性别		出生年月	
职称		所在部门	最好精确到学院或者系		
职务	如果没有可以填无	最后学历		最后学位	
外语语种		E-Mail	最好填学校邮箱,不要个人邮箱		
通讯地址	最好填学校地址,不要填家庭地址				
邮编	学校邮编	手机		固定电话	学校电话

在填写课题情况时,很多老师都很犯难,因为大部分老师都是没有省级以上课题的,而且很多老师不知道有些项目算什么级别。

对于第一个问题,我当时申报的时候也没有任何省级以上项目,所以这块我是空着的,但是这并不影响后来我中标,所以关键还是看申请书的质量(表3)。

对于第二个问题,不用太纠结,如果你觉得是,就写上,如果你觉得不是,就不写。很多项目特别是一些横向课题、软课题,是很难定义是否是省级以上课题的。

这个内容只是看看申请人有哪些基础,如果基础雄厚是很好的,如果完全没有基础,也不代表不能做好项目。所以这个内容不是关键因素。

表3　申请者作为负责人承担省级以上社科研究项目情况以及完成情况

项目来源类别	课题名称（项目编号）	批准时间	是否完成
	未结项的课题可以写		
	没有省级以上课题可以空着不写		

下一条内容是申请人近三年来主要研究成果。

老师们往往会纠结几个问题：

①近三年没有太多成果，再往前，写前五年的行不行？

②成果的级别都不高，写上去好像没有啥用？

③获奖算不算成果？

④合作的成果算不算？能不能写？

⑤有些成果和这个项目选题无关，能不能写？

我想以我的经验来一一回答这几个常见问题。

①我如果作为专家，是不会去细究你是××年发表的什么论文，是不是满三年了，所以我认为如果是和选题非常相关的成果，级别也很高，哪怕超过三年了，也是可以写上的。

②成果的级别不高，但是相关，一样是可以写的，这体现的是你在这个领域一直以来的学术积累。

③一般的获奖我认为不算研究成果，如果是论文获奖，或者书的获奖，可以在所列成果后面加上一句。

④如果你不是第一作者，第二作者或第三作者，只要是有署名的成果我认为都是可以写上的，都能算作你的成果。所以你在平时要多与人合作做科研、写论文，这样在申报项目时，你的成果就会多很多。

⑤成果和选题无关，如果级别较高，能体现你的科研水平，我认为也是可以写的。因为规定上没有写要和选题相关的前期成果，所以我当时是把我在三年内发表的12个成果都写上了。这可以体现你的科研能力。

在写研究成果时，可以列表、截图，也可以按照知网默认的论文格式。

我还建议你把 CSSCI 检索、北大核心、SCI 检索这些能体现论文水平的指标也写上。因为专家不一定都非常清楚你发表的期刊的级别，也没有时间去一个个查验是否是核心期刊。

c）课题组成员信息（表4）

表4 课题组成员信息

课题组主要成员情况及签名						
姓名	职称职务	出生日期	专业	工作单位	分工情况	签名
	教授副教授讲师合理搭配			可填外校或者业界人士	资料搜集	
			专业可以多元化		咨询建议	
					报告撰写	

课题组成员需要提前联系，申请书是不超过9个人，但是如果只有2个人也是可以的。我曾经参与过一个老师的教育部项目，就只有2个课题组成员。

每年的教育部人文社科项目申报通知都会有一个附件——常见问题释疑，我研究了近三年的申报通知，发现内容每年都会有一些变化，有很多地方都不一样。所以需要提前仔细阅读。

附件

2020年度教育部人文社会科学研究一般项目申报常见问题释疑

1. 2020年度教育部人文社会科学研究一般项目申报、评审周期安排是怎样的？

> 按照部门预算要求，2020年度教育部一般项目定于2019年8月27日启动网上申报，2019年9月27日结束网上申报，9月30日截止汇总表报送；计划于10月底前完成材料审核并组织评审。

对于课题组成员参加项目的规定，在第11条有一段释疑。

11. 项目申请者是否可以同时作为课题组成员参加项目申报？

> 每个申请者限报1个项目，可以作为课题组成员参加其他项目的申报。所列课题组成员必须征得成员本人同意，否则视为违规申报。需要注意的是，不得将内容相同或相近的项目，以不同申请人的名义提出申请。

从这段文件里，我们可以得出参与者可以不限项的信息。

因为我一直给各个老师做辅导，再加上我的成果比较多，很多老师都邀请我做课题组成员。所以我在2018年参与了十多个项目的申报。由此可见，作为课题组成员，你可以多参与，这个没有关系。

而且作为申报者，也可以参与其他项目，这里面也没有限项。这点和国家社科基金不一样，国家社科基金是明确提出作为申报者就不能参与其他项目了。

> 十一、为避免一题多报、交叉申请和重复立项，确保申请人有足够的时间和精力从事课题研究，2019年度国家社科基金项目申请做如下限定：（1）课题负责人同年度只能申报一个国家社科基金项目，且不能作为课题组成员参与其他国家社科基金项目的申请；课题组成员同年度最多参与两个国家社科基金项目申请；在研国家级项目的课题组成员最多参与一个国家社科基金项目申请。（2）在研的国家社科基金项目、国家自然科学基金项目及其他国家级科研项目的负责人不能申请新的国家社科基金项目（结项证书标注日期在2019年3月5日之前的，或在3月5日前已向我办提交结项材料的，可以申请本年度项目。后者具体日期以

各地社科规划办寄出结项材料时间或在国家社科基金科研创新服务管理平台中审核提交的时间为准)。(3)申请国家自然科学基金项目及其他国家级科研项目的负责人同年度不能申请国家社科基金项目,其课题组成员也不能作为负责人以内容基本相同或相近选题申请国家社科基金项目。(4)申请2019年度教育部人文社会科学研究一般项目的负责人不能申请同年度国家社科基金项目。(5)不得通过变换责任单位回避前进(1)—(4)条款规定,不得将内容基本相同或相近的申报材料以不同申请人的名义提出申请。(6)凡在内容上与在研或已结项的各级各类项目有较大关联的,须在《申请书》中详细说明所申请项目与已承担项目的联系和区别,否则视为重复申请;不得以内容基本相同或相近的同一成果申请多家基金项目结项。(7)凡以博士学位论文或博士后出站报告为基础申报国家社科基金项目,须在《申请书》中注明所申请项目与学位论文(出站报告)的联系和区别,申请鉴定结项时须提交学位论文(出站报告)原件。(8)不得以已出版的内容基本相同的研究成果申请国家社科基金项目。(9)凡以国家社科基金项目名义发表阶段性成果或最终成果,不得同时标注多家基金项目资助字样。

对于课题组成员的成果填报,当然是成果越多越好,越牛越好,成果相关度越高越好。总之不超过800字,这点个人掌握。

经费预算比较复杂,而且后期如果要变更极为麻烦,所以我们需要单独列出一节来讲。

手把手教你填申请书的 B 表

说完了 A 表的一些硬性信息部分，我们来看 B 表部分怎么写（表 6）。

表6　申请书B表

课题名称			
研究方向及代码			
研究类别		计划完成时间	填满三年
最终成果形式	尽量写研究报告，专著出版周期太长，论文发表不确定性很大		
申请经费总额（万元）		其他来源经费（万元）	
一、本课题研究的理论和实际应用价值，目前国内外研究的现状和趋势（限 2 页，不能加页）			
理论价值和实际应用价值经常会弄混淆，建议给专家把关，反复琢磨 国内外研究的现状和趋势就是文献综述			

不得出现申请人个人身份信息，否则申请书作废！

B 表部分一开始就说不能出现个人身份信息，但是这个只是形式审查。在《常见问题释疑》的第 22 条，专门提到了这个问题。

22.《申请评审书》B表有关论证中能否出现申请者已发表文章的期刊名称、文章题目及承担课题的名称？

为保证评审专家能够充分了解申请课题的研究基础，同时保证评审的公正，《申请评审书》B表可以出现申请者已发表文章的期刊名称、文章题目及作为负责人主持承担的课题名称，但不得出现本人所在单位、姓名等个人身份信息。

所以，如果你在B表中写到了自己的成果和课题，其实也是可以的。

但是，你可能会有一个疑问，这个论文在知网上一搜不就搜到了么？不就知道是谁了么？理论上是这样的。国家社科基金的活页也是这样，虽然不能透露姓名和单位，但是可以在前期成果中可以写论文的标题。

如果专家想知道你是谁，是有途径知道的。

但是学术圈很大，人很多，而你又是一个从来没有中过国家级项目的无名之辈，就算知道了你是谁，其实也没有什么用。

解决了这个问题。我们接着往下填表。在课题名称这里，要和封面填的课题名称一致。研究方向和代码也要和封面一致。研究类别一般分为理论研究和应用研究，现在大多的项目都是应用研究，较少有理论研究。计划完成时间这里我建议填满三年，以免要申请延期和不必要的麻烦。三年看似很长，实则很短，对于做项目来说，时间永远都是不够用的。

最终成果形式，我建议尽量写研究报告。因为专著出版周期太长，论文发表的不确定性太大。在三年内都是很难顺利完成的指标。你也可以结合起来，如论文和研究报告、论文和专著这样的形式。其他形式你也可以考虑，但是一般来说就是这三种。

申请经费是总额，青年项目是8万元。其他经费来源，如果没有就填"无"。

如何填写课题研究的理论和实际应用价值，如何总结国内外研究的现状和趋势。

这里的理论价值和应用价值，我在做辅导时经常会发现，老师们很容易弄混淆。事实上，这里是有一些问题的。

我自己的申请书是这样写的。

一、本课题研究的理论和实际应用价值，目前国内外研究的现状和趋势（限2页，不能加页）

（一）本课题研究的理论和实际应用价值

（1）研究的理论

近年来，随着中国的和平崛起及其在全球所产生的影响日益增强，有关中国形象问题一直持续引起人们的广泛关注和热议。所谓国家形象，即某一国家在人们心目中的总体印象和评价，是世界范围内对于一个国家的整体认知和印象的抽象表现。国家形象因为更多的是与媒体的宣传有关，所以有学者认为国家形象应该定义为"一个主权国家系统运动过程中发出的信息被国际公众影像后再特定的条件下通过特定的媒介（medium）的输出（张毓强，2010）。国家形象研究还广泛涉及国家软实力，国际话语权，国际传播等相关研究理论和问题，篇幅有限在此不能一一赘述。

而在国家形象的塑造中，又一直存在"自塑"与"他塑"两种情形。由于种种原因，长期以来，中国国家形象中的"他塑"部分占据主导地位，并对国际舆论产生着深刻的影响。这对中国十分不利。作为一个发展中的大国，中国需要为自己营造良好的外部环境，得到国际社会的信任、理解与支持。为此，中国应该以独立的传播主体的身份，参与到国际舆论的议程设置中去，突破"他塑"带来的种种负面影响，同时增强"自塑"的力度，将一个历史传统深厚的、和平发展的、具有国际视野和现代气息的中国形象呈现在世人面前（程曼丽，2008）。

（2）实际应用价值

缅甸是中国的重要邻国，两国拥有悠久的"胞波情谊"。在经过了半个世纪的军政府的新闻管制后，2011年9月缅甸在民主化改革中迈出了重要一步，放开了新闻管制。而在这之后不久，缅甸政府在一些私营媒体以及环境保护组织营造的国内巨大舆论压力下，叫停了中国投资的36亿美元的密松水电项目。有学者称其为20世纪爆发的反华暴乱以来缅甸民众反华情绪的最集中爆发。这其中，与美国的煽动和资助不无关系，但是也与一些媒体对中国形象一直以来的负面塑造有深刻关系。中国在缅甸有巨大的战略及投资利益，仅水电项目投资就可达几百亿美元，然而近年的密松事件、莱比唐铜矿事件，给中国带来了不小的损失，中国的国家形象也进一步被当地乃至西方媒体曲解和渲染。中国综合实力的崛起和对缅甸的投资建设，并没有使中国的国家形象和国际话语权得到相应程度的提升。相反，在媒体自由化和一些西方势力的煽动下，中国对缅甸的外交政策屡屡被民众舆论质疑，中国的投资项目更是因为缅甸国内局势的动荡而受到影响。缅甸目前有中国血统的人口数量接近250万人，是一个不小的群体，可是尚未形成一支能够引导缅甸舆论的力量。

所以，研究中国形象在缅甸媒体中的他塑与自塑问题。一是从学术角度来看，可以通过新闻传播学的基本理论与方法研究，结合政治学、经济学、外交学、语言学、历史学、信息科学等多学科的视角，进一步深化和完善国家形象以及软实力等理论研究，为我国的国际传播学科建设提供理论支撑。二是从商业和文化的角度来看，通过研究缅甸媒体的涉华报道和对华倾向，从"他塑"中挖掘其背后的认知、文化和政治动因，可以增强中国企业和机构在缅甸对外宣传、投资策略方面的应对的能力，可以两国的文化交流，公关外交和海外华人群体话语权的提升提供借鉴。三是从政治外交的角度来看，通过研究对缅甸一个国家的中国形象自塑和对外传播战略，可以将其经验和技巧推之以其他国家和地区，通过对中国国家形象的自塑模型建构，为国家制定外交策略、对外传播策略时提供借鉴，从而提升中国的国家形象和国际话语权，形成对我国总体有利的国际舆论环境。

我的申请书早已在全网分享，很多老师看了我的申请书后，表示收获很大，启发很多。这就让我更有动力来把我的经验写成书，让更多的人在申报时少走弯路。

有一位老师在看了我的这部分内容后，提出一些疑问。

本课题研究的理论和实际应用价值是分成"本课题研究的理论""实际应用价值"这两部分来阐述？还是分成"本课题的研究的理论价值""实际应用价值"这两部分？我看到你的申请书是第一种写法。

说实话，这个问题我当时在写申请书时并没有考虑太多，我认为两种写法都是可以的。因为我的这种写法也中标了，所以也从侧面证明这个问题并不是一个特别关键的问题。

我看了很多项目申请书，在一开头就把理论价值和应用价值写清楚其实是比较困难的。

一般来说，应该先做文献综述，再写价值。但是教育部的申请书是先写价值，再写文献综述。所以，为了保证逻辑的统一和文章的通顺，我认为应该像一篇论文写作一样，按照一个统一的逻辑写下来。

我在写申请书的时候发现，如果一开始我就写这个研究的理论价值在哪，是很难写得特别清楚的，所以我就按照一个逻辑写了下来，就像写一篇论文一样，先介绍国家形象是什么，自塑与他塑是什么，缅甸又是什么样的，然后我为什么要做这个研究。类似于研究的目的和意义。

我建议，如果你实在分不清研究的理论价值和应用价值，就把这两块内容写在一起，用一个统一的逻辑，交代好研究的目的和意义即可。因为专家看申请书，不会去细究你这块写的是理论价值还是应用价值，而是会看你的逻辑是否统一，论述是否清楚。

所以，不用去太纠结这个如何区分的问题，把目的和意义交代清楚，就达到了第一部分的目的了。

项目经费预算怎么填

关于经费预算的填写,确实是个人难题。

提起报销,估计每个科研人员都会有一大肚子的苦水要吐。

虽然国家强调要给科研人员更大的自由,让科研人员从报销的束缚中解脱出来。但是,对于一般的科研人员来说,报销和花钱的手续仍有许多需要注意的地方。

每个学校的情况不同,每个人的情况也有所不同。

所以我只能在大方向上给大家一些建议,具体还需要每个人自己去摸索,去实践。

说实话,直到现在,我都还没有特别搞清楚很多经费应该是怎么报销。而且问学校财务老师,他们也会有很多不明白的地方。照财务老师的话来说,就是新情况太多,他们也在摸索学习。就拿网上买课、买辅导来说吧。我在网上买过不少课程,也买了不少资料。很多课程只能开信息服务费,但是这个名目的发票在教育部项目中是很难报的。很多网上购买的资料,又会被归于外协加工一类,不能在图书资料费中报销。但是这些课程和资料远比开一些会议和买一些图书能够给你带来的收获多。

所以,现实和理想往往是矛盾的。现实中也总有不合理和不尽如人意的地方。我们首先就要接受这个事实,然后在现有规则之下,把经费规划好、使用好。

我们先来仔细阅读项目经费的管理办法。在社科网的网站上,找到项目申报，进入后有一个《高等学校哲学社会科学繁荣计划专项资金管理办法》文件（图14）。这个文件要仔细阅读，因为这个涉及经费预算和使用的方方面面。

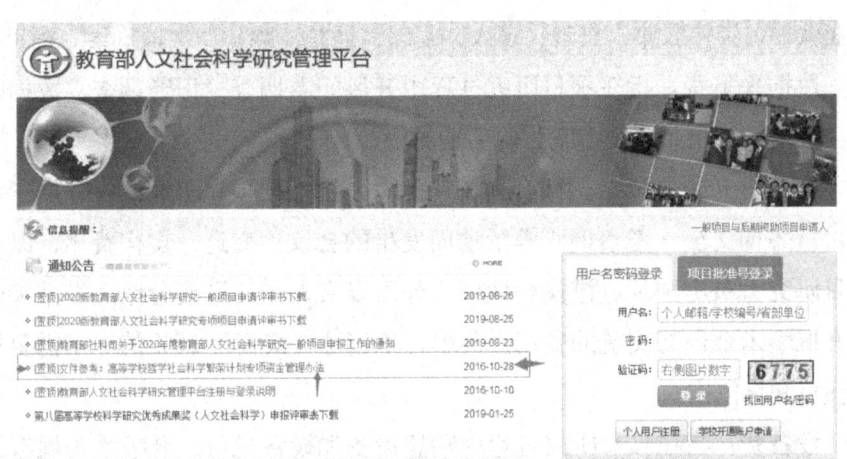

图14　高等学校哲学社会科学社会科学繁荣计划专项资金管理办法（1）

在这个管理办法文件中，第九条是各项经费的具体范围，要仔细研读（图15）。

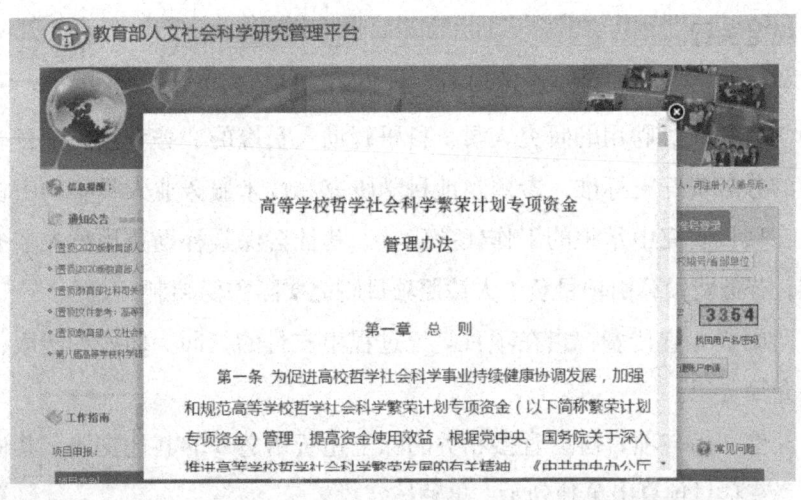

图15　高等学校哲学社会科学社会科学繁荣计划专项资金管理办法（2）

第九条 直接费用包括图书资料费、数据采集费、会议费/差旅费/国际合作与交流费、设备费、专家咨询费、劳务费、印刷费/宣传费等。

图书资料费：指在项目研究过程中购买必要的图书（包括外文图书）、专业软件，资料收集、整理、录入、复印、翻拍、翻译，文献检索等费用。

数据采集费：指在项目研究过程中开展问卷调查、田野调查、数据购买、数据分析及相应技术服务购买等费用。

会议费/差旅费/国际合作与交流费：指围绕项目研究组织开展学术研讨、咨询交流、考察调研等活动而发生的会议、交通、食宿费用，以及项目研究人员出国及赴港澳台地区、外国专家来华及港澳台地区专家来内地开展学术合作与交流的费用。其中，不超过直接费用20%的，不需要提供预算测算依据。

设备费：指在项目研究过程中购置设备和设备耗材、升级维护现有设备以及租用外单位设备而发生的费用。应当严格控制设备购置，鼓励共享、租赁以及对现有设备进行升级改造。

专家咨询费：指在项目研究过程中支付给临时聘请的咨询专家的费用。专家咨询费由项目负责人按照项目研究实际需要编制，支出标准按照国家有关规定执行。

劳务费：指在项目研究过程中支付给参与项目研究的研究生、博士后、访问学者和项目聘用的研究人员、科研辅助人员等的劳务费用。项目聘用人员的劳务费开支标准，参照当地科学研究和技术服务业人员平均工资水平及在项目研究中承担的工作任务确定，其社会保险补助费用纳入劳务费列支。劳务费预算由项目负责人按照项目研究实际需要编制。

印刷费/宣传费：指在项目研究过程中支付的打印、印刷和出版、成果推介等费用。

其他：指与项目研究直接相关的除上述费用之外的其他支出。其他支出应当在项目预算中单独列示，单独核定。

下面是经费预算表（表5）。

表5　经费预算表

类别	金额（万元）	说明
直接费用合计		
图书资料费		图书资料费除了可以买书，版面费和出版费也可以报
数据采集费		数据采集相当于外协加工，可以报销的种类比较多，可以多做
会议费/差旅费/国际合作与交流费		差旅费不限制，但是差旅费报销比较麻烦
设备费		通用设备比如电脑，打印机，照相机都不能买，最好不做
专家咨询费		专家咨询费可以多留预算，报销较为方便
劳务费		劳务费不仅可以给学生也可以给专家，可以多做
印刷费/宣传费用		印刷和宣传如有需要可以做，有些期刊的版面费是宣传费，可以问问学校具体的规定
其他		
间接经费		间接经费要问学校怎么做，这项要谨慎
其中外拨经费		
申请经费年度预算（不含其他来源经费）	年份	2020年	2021年	2022年
	金额（万元）	第一年可以少点	第二年多点	第三年少点

这个经费管理文件是2016年颁布的，而我当时申报项目时还没有这些规定。很多细则每年都会有变化。我们还得进一步解读《常见问题释疑》。

24. 经费预算填报有何要求？

项目经费执行《高等学校哲学社会科学繁荣计划专项资金管理办法》(简称《专项资金管理办法》)，实行严格规范的预决算管理，项目申请者应在资助限额内，根据实际需求准确测算总经费预算，列明预算细目，同时还要列出分年度经费预算。研究项目资金分为直接费用和间接费用，间接费用由项目依托学校按照《专项资金管理办法》的有关规定核定，统筹管理使用。项目负责人应根据项目研究需要，科学合理、实事求是地编制直接费用预算。直接费用计算公式为：

直接费用 = 资助总额 − 资助总额 × 间接费用相应核定比例。

项目资金需要转拨协作单位的，应在预算中单独列示，并对外协单位资质、承担的研究任务、外拨资金额度等进行说明。间接费用外拨金额由项目依托学校和合作研究单位协商确定，但学校间接费用和外拨间接费用之和不得超过该项目核定的间接费用总额。

在《高等学校哲学社会科学繁荣计划专项资金管理办法》的第十条中，有明确的比例规定。

第十条 间接费用是指项目依托学校在组织实施项目过程中发生的无法在直接费用中列支的相关费用，主要包括补偿学校为项目研究提供的现有仪器设备及房屋、水、电、气、暖消耗等间接成本，有关管理工作费用，以及激励科研人员的绩效支出等。

间接费用一般按照不超过项目支出总额的一定比例核定。具体比例如下：50万元及以下部分为30%；超过50万元至500万元的部分为20%；超过500万元的部分为13%。严禁超额提取、变相提取和重复提取。

间接费用应当纳入项目依托学校预算统筹安排，合规合理使用。项目依托学校统筹安排间接费用时，应当处理好合理分摊间接成本和对科研人员激励的关系，绩效支出安排应当结合项目研究进度和完成质量，与科研人员在项目工作中的实际贡献挂钩。

也就是说如果是8万元的一般项目或者青年项目，间接费用就是80000×30%=24000（元）。

我建议间接费用一定要做足。如果在申报项目时，很多情况会考虑得不是很周全，如果后期要调整怎么办呢？规定中也说了。

> 第二十条　项目预算一经批复，必须严格执行。确需调剂的，应当按规定报批。
>
> 由于研究内容或者研究计划做出重大调整等原因，确需增加或减少预算总额的，由依托学校审核同意后报教育部审批。
>
> 在项目预算总额不变的情况下，支出科目和金额确需调剂的，由项目负责人根据实际需要提出调剂申请，报依托学校审批。会议费/差旅费/国际合作与交流费、劳务费、专家咨询费预算一般不予调增，可以调减用于项目其他方面支出。如有特殊情况确需调增的，由项目负责人提出申请，经学校审核同意后，报教育部审批。间接费用原则上不得调剂。原项目预算未列示外拨资金，需要增列的，或者已列示的外拨资金确需调整的，由项目负责人提出申请，报依托学校审批。
>
> 项目批准立项后，将按照审核通过的分年度预算进行拨款。项目负责人要严格执行批准后的项目预算，后期确需调剂的，应当按照《专项资金管理办法》有关规定履行单位内部调整审批程序，并通过教育部人文社会科学研究管理平台项目中后期管理系统报教育部备案。

从现有的规定来看，是比原来要简单了。我曾经有两次想调整预算，但是一看手续烦琐，就放弃了。现在调整预算只需要学校内部报批，备案即可。所以，前期没有做好预算，也没有关系，后期还有补救的机会。但我们还是争取是一步到位，最好不要给自己增加不必要的麻烦和手续。

在实际做项目的过程中，我发现很多钱是不好花的。比如图书费，我开始做了很多，但是后来发现和项目相关的图书并不多。而且很多资料的获取是没法获得发票报销的。而且，图书报销的手续极为复杂，要三五个人签字，填四五个表，还需要办理图书入库等一系列手续。所以后来要买书的时候都要下很大的决心和勇气。

花钱难是一个普遍现象，但是再难也要进行下去。很多项目是当年就要花完，否则钱就会被收回去。

教育部的经费是分批划拨的。

第一笔经费是在立项后，划拨到学校，学校科研处会通知你去财务办理一个入账，这样你就可以花钱了。

第二笔经费是在通过中期考核后，再划拨到学校。

第三笔经费是在结项后，划拨到学校。

花不完的钱可以到下一年继续花，但是也不能拖太久。在资金管理规定中明确规定花不完的钱会收回。

> 第二十四条 对于研究项目资金，项目在研期间，年度结转资金可以在下一年度继续使用。项目完成目标任务并通过验收后，结余资金可以用于项目最终成果出版及后续研究的直接支出，或由项目依托学校统筹安排用于科研活动的直接支出。若项目审核验收2年后结余资金仍有剩余的，应当按原渠道退回教育部。对于非研究项目资金和管理资金，按照财政部关于结转结余资金管理有关规定执行。

报销路上，且行且珍惜，与君共勉。

如何做好项目申请书的文献综述

国内外的研究的现状和趋势其实就是前人研究的文献综述。

这块内容的写作虽然有一定的格式和技巧，如人名后面要有时间，要有一、二、三、四、五、六这样的层次区隔，但是最重要的，我认为要根据具体情况进行具体分析。

我在中标教育部项目前，其实并没有见过别人中标的申请书，只是按照我自己的理解，进行了一个文献综述的写作。后来我看了很多申请书后，才渐渐悟到，好的申请书都有几个共同特点，就是清楚、简洁、深入、浅出、但是这些申请书的写法并不一致，逻辑层次也不是千篇一律，而且语言都有一定的个人特色。

首先，我认为写一个清晰的文献综述很难。很多老师的申请书的第一部分看完后，并不知道其要研究的问题到底是什么。其存在的一个普遍问题是没有围绕核心问题进行文献综述，找到的都是外围的文献。例如，小李老师要申报一个非遗的文创产品设计开发的选题，但是他的文献综述都是在论述非遗的背景和保护非遗的意义，以及文创开发的重要性等。而对于他的研究对象，具体那个非遗产品的研究只字未提。

我问小李老师："您说的这个非遗我完全没有听说过，我想专家可能也没有听过。如果不交代一下这个非遗的一些情况，是很难在后面的论述中加入的。"

小李老师说:"关于这个非遗的研究特别少,没什么可用的文献。"

我说:"虽然很少,但是肯定也是有的,即使没有论文,也应该有新闻报道和其他的一些资料,这些都能算文献,都是研究的现状和趋势。"

我和小李老师的这段对话是非常典型的,也是经常发生的。很多老师都认为他的那个核心研究对象的文献很少,所以就干脆不写了,或者一笔带过。恰恰相反,那寥寥几篇的文献就是你要论述的重点。我在写缅甸媒体的选题时,就只搜到了6篇特别相关的论文,我全部都写上了。

这个问题非常普遍,就是人们往往忽略那些最核心的文献,始终在外围打转。

还有一个例子。小杨老师要申报一个某省文化经典IP开发保护的选题,但是他的文献综述中,始终都没有涉及他要研究的是哪些经典IP,而是围绕着经典IP这四个字来论述,对于具体的经典IP的研究也是只字未提。

我问小杨老师:"您说了一堆这些经典IP的开发如何重要,但是这些经典IP到底是什么呢?"

小杨老师说:"就是那些我们省很著名的大家都知道的经典IP啊。"

我说:"别说大家都知道了,我就不知道,如果要我猜的话,我真猜不出来。"

小杨老师这才意识到问题的严重性。

你认为专家都知道的、不用解释的东西,专家往往可能是不知道的。

我一连说了好几个我知道的经典IP,结果和他要论述的对象不太一样。而在后面的论述中,小杨老师也始终没有说出那几个要研究的经典IP是什么,就一直说要怎么保护经典IP,怎么做经典IP。

所以整个申请书看下来,不知道他要做什么。如果你说,我就要研究《水浒传》里面的各色人物,提炼一些大家感兴趣的内容,给他们做一些人物动画片的开发,那就很清楚明了了。因此,清楚地论述你要做的事情和解决的问题，是最最重要的。

其次，我认为应该简洁明了。

教育部的申请书只限2页，如果按照篇幅来算，可能也就1500字左右，多了就写不下了。国家社科基金的申请书虽然没有明确每个部分的篇幅长短，但是有学者曾经做过测算，文献综述部分也是1500字左右为宜。

所以，一个项目申请书的文献综述应该控制在1500字左右为宜。

如何在1500字以内把要说的东西全部表达清楚是一个反复删改、反复凝练的过程。

我在后来申报项目时，尝试过很多种写法，如果把某几位学者的观点详细的论述出来，篇幅就不够用，如果不详细论述，又会显得很碎，很没有逻辑。

所以我会尝试好几种写法，来反复锤炼这块的内容。如果你在一开始觉得没有办法叙述得特别清楚，没有理清楚文献之间的逻辑关系，不妨尝试使用思维导图工具来帮助你理清思路。

我辅导其他老师写论文、申项目的时候，经常会告诉老师们这个方法。几乎所有的人用了都说好。因为思维导图是把一个抽象的东西具象化了，而且以图像形式呈现，比在脑中自己编织要清楚得多。

在这里，我可以以我自己的项目为例，给大家演示一下用思维导图做文献综述的方法。如果你想看看我的这个操作视频，可以给我发邮件，我的邮箱是：eryajiangtang@163.com。请说明你从我的书里看到这个内容，我会将视频内容发给你。

如何用思维导图的方式来做文献综述

我们先看看我的项目申请书的文献综述部分"目前国内外研究的现状和趋势"的内容。

关于国家形象的研究

国内学术界对"国家形象"的研究起步较晚,从20世纪90年代中期开始才有新闻传播学的学者关注到这一议题,主要是新闻传播学领域,并以对策性研究和描述性介绍为主。国内外对国家形象及相关理论的研究比较丰富,主要集中在三个方面:一是关于国家形象的定义、概念、内涵的研究,如乔舒亚·雷默,约瑟夫·奈,范红,余红等对中国的国家形象的塑造和软实力的提升提供了诸多建议;二是国家形象与媒体关系的研究,如程曼丽、林少雄、孙淑亭等对于媒体在塑造国家形象中所起的作用进行了阐述,对于中外媒体在塑造国家形象时的表现进行了剖析并提出了建议;三是对国家形象的塑造策略研究,如刘艳房、金正昆、袁赛男等从更为宏观的视角来看对国家形象的塑造,即从政治学、语言学等其他学科角度来研究国家形象,为我们提供了更加多元的研究视角和材料。

关于缅甸媒体的研究

国内外关于缅甸媒体的研究极少，主要集中在三个方面：一是对于缅甸新闻业发展的历史和特点研究。陈力丹对缅甸新闻业历史和面临的制度变化提出了见解和忧虑。展江对缅甸160年来的新闻法制史进行了梳理，发现缅甸的新闻体制存在的诸多问题。朱学东从媒体人的角度对缅甸媒体的落后现状表达了忧虑和未来的乐观。张建中对缅甸新媒体在缅甸民主化进程中发挥的作用和影响进行了深入剖析。二是对缅甸媒体涉华报道和缅甸人对中国人的态度研究，如伍庆祥根据缅甸官方报纸《缅甸之光》的报道进行了实证分析，阐述了缅甸媒体中的中国形象，提出了改进形象的三点建议，即加大电视剧出口，利用佛教促进传播，改进投资宣传等。缅甸学者敏辛在《缅甸人对中国人的态度：中国人在当代缅甸文化和媒体中的形象》一文中指出自20世纪80年代以来，缅甸人对中国人持一种明显消极的态度。这种情绪不是一种短暂的舆论，而是一种态度。三是对缅甸媒体的报道案例研究和新媒体运用研究，如张涛甫以2010年的昂山素季事件为典型案例，分析缅甸媒体的不同表现及折射出来的缅甸媒体发展状况。孙广勇在《新媒体——东南亚社会转型的双刃剑》一文中考察了新媒体给缅甸社会带来的深刻影响，增加了本研究的视野广度。

总的看来，国内外学者对于中国形象在缅甸媒体中的他塑与自塑研究，从研究时间上看大多开展较晚，从侧面反映了学术界对此问题的研究还处于起步阶段。从内容上看大多集中于对国家形象塑造的概念、存在问题和发展策略进行宏观分析、对个别缅甸媒体的发展情况进行简要的介绍，缺少从宏观到微观的系统性分析研究，对于国家形象的研究也较少与真正的"自塑"实践案例结合起来，缺乏实证分析。

综上所述,我们需要从三个方面予以突破:第一,研究视野需进一步提高。受国内对缅甸国内政治经济文化和媒体发展了解的局限性等现实因素的影响,现有的研究多集中在某些媒体或者是传统媒体方面,对新媒体的发展或者对全局性的研究不多。第二,研究视角比较单一,大多研究从提升国家综合实力或中华文化传播力的"宏大"角度切入,缺乏对于从投资企业角度和受众需求角度研究如何在缅甸的媒体中进行中国形象的自塑,没有建立模型和途径,使一些研究成果有空疏之憾。第三,研究的理论基础和方法尚待完善,目前主要采用文献研究、个案分析等定性研究方法,很少使用实验法、数据分析、抽样分析等定量研究研究方法。在论述中仅限于事实的描述和价值判断,使对国家形象的相关研究成果缺乏针对性和现实操作性。

下面,我具体介绍一下如何用思维图的方式快捷找到文献之间的关系,从而进行梳理和逻辑分析。

首先,我们用 XMind 工具新建一个思维导图(图17)。

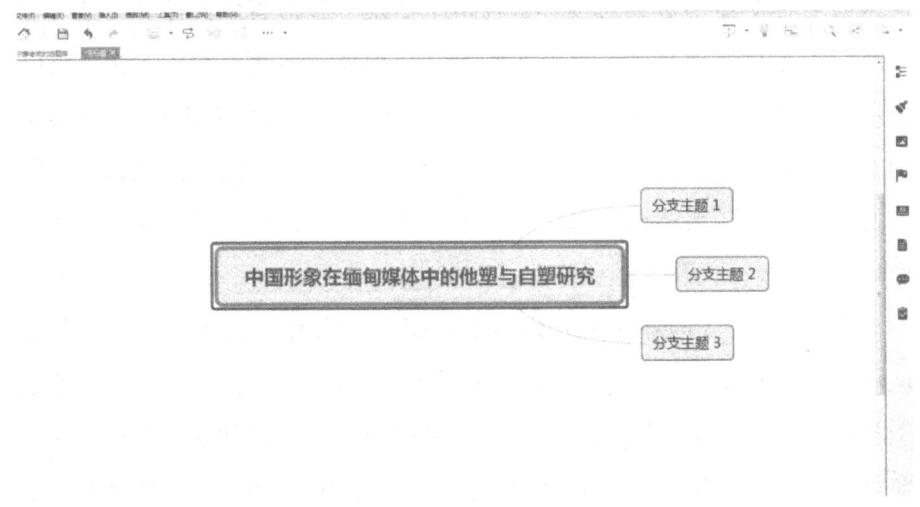

图17 思维导图(1)

其次，我们可以在分支主题中，写上我们看过的论文的标题和主要观点。如果你看了20篇论文，就可以把他们的内容都在分支主题中呈现。为了后期整理方便，我建议你直接用中国知网导出的参考文献格式，复制粘贴在文本框中。这样通过标题，你可以回忆起论文的大致内容。一般最后能写进文献综述的作者和论文也就10多篇。所以这个工作并不难做。

再次，把这些论文的大概内容都写在了主题中后，就可以进行分类梳理，你可以插入"子主题"，也可以增加"父主题"，而且这些分类和主题可以根据不断阅读文献随时调整，慢慢地你的逻辑体系就出来了，就清晰了。

最后，在你理清了这些文献之间的关系后，就可以着手进行写作，你可以用XMind的导出工具，直接导出这个文件，最好选择文本文件，这样再复制到word里格式就不会乱（图18）。

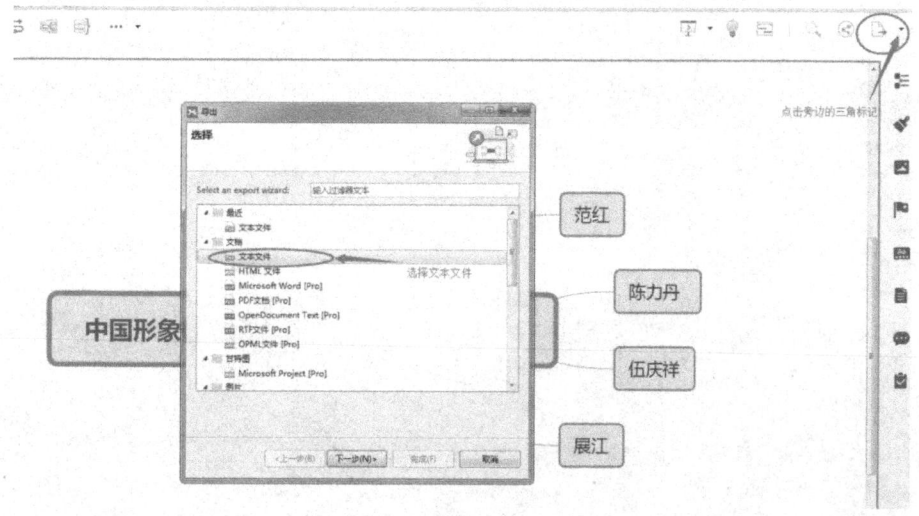

图18 思维导图（2）

在这里我做了一个演示视频，如果你还是觉得不会用，你可以到我的微信公众号"高校不搞笑"中，找到这个视频进行观看。这个方法也同样适用于写大论文、小论文、做报告等工作。

在做完这些工作之后,还要注意述和评的结合。有的老师是边述边评,有的是述完再评。

这两种方法都可以,可以根据你的需要。我的写法是述完再评,因为可述的内容并不多,所以我把很多篇幅留给了评。

关于述和评篇幅比例的问题,我建议可以和新闻述评一样,述要大于评,而且评是事实评论,不能针对个人搞人身攻击。评的部分也可以借鉴一些通用的话语体系,我的申请书评的部分算是一个万能模板,可以给大家参考。

教育部的申请书是不查重的,所以如果你能借别人之所长,补己之短,也是很好的。但是切忌抄袭,因为每年的专家都是一样的,如果你抄袭他人的成果,被发现的结果肯定是直接出局。

研究目标怎么写

写完国内外研究的现状和趋势后，就要开始论述研究目标了。很多老师经常把这部分和研究内容、研究思路弄混淆。确实，目标、内容、对象、思路，猛地一看感觉都是一回事啊。我在写申请书时也经常困惑于这点。

研究目标，应该是对研究内容应搭目标的整体描述，是对研究内容的提升和呼应。在国家社科基金中，研究目标是放在研究内容后面写的，其实写完内容，目标自然也就出来了。但是在教育部人文社科基金中，研究目标是要一开始就写。那么在内涵和写作方法上，目标要比研究内容更宏大一些。但是目标也不能太大，泛泛而谈。所以要把握其中的度很关键。

我在写研究目标时，其实和写研究思路比较像，像缅甸媒体这么"小"的题，需要在目标上进一步拔高选题的价值。所以除了针对缅甸来说，在目标中我还加入了对中国形象自塑的对策和建议，并为国家的对外传播战略提供参考。研究目标应该由小及大，由一方面到多方面，由分目标到总目标。

相对研究价值，研究的目的和意义，研究目标应该更具体，可操作性更强。

例如，我在目标中加入要用案例分析和传播模式结构，要找定位和话语模式，这些都是可操作的点。

> 二、本课题的研究目标、研究内容、拟突破的重点和难点（限2页，不能加页）
>
> （一）研究目标
>
> 通过本课题的研究，进一步对国家形象理论和相关理论进行梳理和深化，了解和掌握缅甸主流官方媒体、私营媒体以及新媒体和另类媒体的对华态度和定位特征，掌握其对中国形象建构的话语特点和行为模式，通过进行深层次的文本分析、案例分析和传播模式解构，进而了解缅甸媒体对中国形象进行"他塑"的生成机制和作用机制。在进行"他塑"研究的基础上，和中国政府机构、企业、华人团体、中国媒体合作，通过一定的案例运作和传播，研究传播效果，进一步修正和实践，从而提出对中国形象进行"自塑"的建构模型，提出对中国形象进行自塑的对策和建议，并为国家的对外传播战略提供参考。

还有针对中国政府机构、企业和华人团体的合作，通过案例运作和传播，修正自塑的建构模型，这些都是具体的实施方案。

目标的句式也很关键，很多老师的目标之所以写得不像目标，是没有用动宾结构的短句，如提出、了解、掌握、建立、推动、解释、构建等，这些词语应该是在目标中经常出现的高频词。

有的老师可能不是我这种写法，会分为一、二、三、四分点来写目标。这样也是可以的。但是这一、二、三、四之间要有一定的逻辑联系，能成为一个有机的系统。我认为，在写目标时最重要的是体现你在这个课题中，真正要做出哪些东西，起到哪些作用。

虽然这和研究内容有重合之处，但是有些细节内容可以在研究内容中再展开。

在研究目标中，可以和研究思路、研究框架、研究内容的部分内容重合。有些地方只是说法略有不同而已。

研究目标字数不宜太多，大部分内容应该放在研究内容中来写。

课题的研究内容怎么写

研究内容是整个申请书的重中之重。可以说，专家主要就是看这部分的内容。所以，我们要把课题的研究对象、研究思路和研究框架都弄清楚后，再来撰写这部分的内容。

在国家社科基金中，这部分叫研究框架。在这部分中，常见的书写格式是三段论，即现状分析—问题分析—对策分析。或者是四段论，即现状分析—问题分析—原因分析（案例分析）—对策分析。这有点像写论文的论证方法。

这块内容最好不要写成书的章节目录那种格式，当然我也见过中标的申请书是写成书的体例格式的。我认为，好的研究内容应该就是把你要研究的对象描述清楚，把你要解决的问题说清楚。研究内容应该都用主谓结构，而不用动宾短语。举个例子，有一位小肖老师，他想申报关于教师职业能力发展的选题。他在写研究价值和研究内容时，感觉特别不顺，而我给他修改后，他的思路就明晰了很多。

例如，写研究价值时，应该是"扩展教师发展理论的内涵和外延"，而在写研究内容时，应该是"教师发展专业理论的梳理分析"。其实这两句话都是一个意思，但是写在不同的版块中，写法是不一样的。开始小肖老师把研究价值的写法放在研究内容里，导致整个研究内容读起来非常模糊，不清晰，很多老师的基本内容是没有问题的，就是在具体的写法上没有仔细打磨。所以看起来就没有那么精致紧凑。还有就是研究内容不要做大段的陈述，应该是分模块陈述，把研究的内容都变为短语、短句，简洁明了。

我经常看到有老师把研究内容和研究思路弄混。把如何做这个研究的过程写在研究内容里，其原因还是没有分清这两者的区别和联系。

下面是我申请书中的研究内容部分。

（二）研究内容

（1）国家形象的自塑与他塑研究。包括：A. 国内外对国家形象理论和相关理论的知识图谱进行梳理分析；B. 英美等发达国家对国家形象的自塑与他塑的典型案例分析，韩、俄、印等新兴国家塑造国家形象的案例分析；C. 国际一流媒体进行国际传播与国家形象塑造的战略分析。

（2）缅甸媒体对中国形象的他塑研究。包括：A. 缅甸主流官方媒体包括报纸、电视台、广播、网站的近5年来的涉华报道研究和对中国形象的塑造研究；B. 缅甸私营媒体如《缅甸之声（DVB）》等的对华报道研究；C. 缅甸中文媒体如《金凤凰》的传播战略研究；D. 缅甸新媒体如Facebook、Twitter传播中的中国形象研究；E. 西方媒体在缅甸对中国形象的塑造情况分析。

（3）中国媒体在缅甸进行的自塑研究。包括：A. 中国国家主流媒体如新华社、人民日报等对缅甸的传播情况研究；B. 中国网络新媒体如微信、微博和网站在缅甸的传播情况分析；C. 在缅华人群体对中国形象的自塑研究；D. 中国形象在缅甸媒体的自塑路径和模型研究。

（4）中国的对外传播战略研究。包括：A. 中国主流媒体对中国形象自塑的战略研究；B. 中国政府、企业、团体组织在缅甸及其他国家的公关外交案例分析；C. 新媒体在对外传播中进行中国形象自塑的模型分析。

我的研究内容大致分为四个板块，其实也是我的研究报告的章节结构。但是，我在每个板块中，都加入了很多实际的研究内容和案例。因为专家并不一定了解缅甸，如果你就写一写缅甸媒体，不写具体是哪些媒体，可

能就不会给专家留下深刻的印象。这些媒体我在写申请书时也不是很了解，虽然我只是听过，但是对于写申请书来说就够了。

很多老师在写研究内容时，甚至把最后的研究成果都写了出来。这是很不必要的。

比如小肖老师写的是一个结构模型研究，他就把结构模型的图都画了出来。我对她说："你最好不要把这个图画出来，这样你的研究成果都出来了，还需要做什么研究呢？"有些老师又往往写得太虚，绕了一大圈，还是没有写清楚自己要研究什么。所以，我建议在研究内容中可以用一些案例来拓展研究内容的深度和广度。

对于小标题的格式，我用的是 A、B、C、D 这种写法，当然你还可以用（1）、（2）、（3）这样的写法，总之标题的全文体例统一即可。

重点难点怎么写

很多老师会把重点、难点与研究对象和研究内容弄混淆。

我个人认为,重点是把你在研究内容中没有明确突出的地方和一些你想特别强调的地方再多说一些。让专家对你的研究更加印象深刻,理解也更加深入。

所以,写研究重点,就是要让人印象深刻。

有些专家建议研究重点要条目化,要和研究对象对应。

但是我觉得这要根据你研究的实际情况,下面是我自己的申请书,我当时没有按照条目化来写,而是用了一段文字。

> (三)拟突破的重点和难点
>
> (1)重点。将研究国家形象相关理论和对外传播战略和方法引入到对缅甸媒体发展情况的研究中,以缅甸为缩影,进一步扩展国家形象理论的外延和内涵,并将其经验和战略推广。在研究中将重点把握缅甸媒体对中国形象塑造的手段、途径、技巧和模式,对缅甸媒体的发展全貌进行深入剖析和具体解读。通过案例解读得出应用发展模式,提出对中国的国家形象的自塑与他塑的对策和战略。

仔细阅读不难发现，其实我也是将重点分为了两条。第一条是研究国家形象相关理论如何深入，第二条是研究缅甸媒体如何塑造中国形象。但是如果我用条目化写作的方式好像并不能表述得特别清楚。所以我就用了这样的一种写作方式。

我看过很多人的申请书，我发现，每个人在写重点难点时都是不太一样的，各有风格。但是总的原则都是一样的，即让人印象深刻，简洁清楚。所以，在申请书写作时，顺从你的内心的想法，不要有太多的条框束缚，把问题说清楚、讲明白，是最根本的原则。

而对于难点的写作，我认为是有一定的套路的，可以参考下面的示例。

> （2）难点。一是要对缅甸的媒体进行深入研究，很难到国外进行长时间的实地走访，较难获得内部资料，但是可以通过在缅甸的亲戚朋友关系拿到基本的研究资料，也可以通过去缅甸调研采访，弥补这部分的不足。二是要进行国家形象的研究，需要综合运用跨学科的理论和资料，比如政治学、经济学、外交学、信息科学等，为研究提供新的视角和理论支撑。这可以利用科研团队和学校支持完成。三是要进行传播战略研究，需要有一定的案例运作，对传播效果进行实证研究，需要耗费大量的人力物力财力。这可以与缅甸媒体（如《金凤凰》）和中方媒体（如国际台）合作，策划一些报道，制作一些宣传视频，制定传播方案，在不同的媒体渠道特别是社交媒体上进行传播。再通过数据分析和挖掘工具，对传播效果进行量化分析，完成模型建构。

首先，你要承认难点都是客观存在的。

其次，你要有解决这些难点的办法。

所以难点虽然难，但是反而是你做这个研究的价值和意义所在。我自己总结了三套难点写作的套路，供大家参考。

套路一：该研究的资料太多，资料难获取，资料不全，前期研究少等。这是一个万能句，几乎每个项目都存在这些问题。

套路二：涉及的理论复杂，需要跨学科的研究。一般都会用到跨学科的理论，如政治学、民族学、经济学、外交学等学科的理论和方法。

套路三：耗费大量的人力、物力，需要实证，需要案例运作等。例如，需要做调查、做访谈、做田野、做数据分析、做实证等，都可以写。

一般这三个套路写完，你的难点就出来了。

当然，你还可以根据你的项目的情况，再做一些发挥，但是每个难点一定要有解决的方案，否则就会造成你驾驭不了这个研究的感觉。其实，如果你把研究内容的分层分类做得很清楚的话，写重点、难点就是很顺理成章的事情。

研究思路怎么写

写完了第二大版块的内容,终于松了口气。

下面要进入第三大版块——课题的研究思路和研究方法、计划进度、前期研究基础及资料准备情况的写作。

> 三、本课题的研究思路和研究方法、计划进度、前期研究基础及资料准备情况(限2页,不能加页)
>
> (一)研究思路
>
> (1)国际视野和本土意识相结合。以中国在全球的软实力和话语权的提升为背景,以促进中国国家形象在缅甸的改善为目的,以缅甸媒体在发展改革中对中国国家形象的他塑和中国形象的自塑战略研究为核心问题,综合利用国际传播学、政治学、经济学、外交学、语言学、历史学、信息科学等相关理论和方法进行分析和解决。
>
> (2)理论和实践相结合。首先通过理论研究,对国家形象理论相关问题的发展渊源、流变、影响、特征和具体表现进行多维度透视和总结;然后从他塑和自塑二个层面对中国的国家形象在缅甸的塑造进行分析总结,再结合具体案例的实践对传播效果进行分析。通过理论和实证相结合的方法,构建我国的国家形象在缅甸媒体中的自塑与他塑的战略模型,最后对该战略实施步骤、方法和具体措施提出科学性建议。

这块的内容看似很难写,但是有了前面的基础,这块内容就相对来说容易多了。

研究思路是针对这个项目的具体的思路,有多种写法。大部分老师都会按照"我开始怎么做,然后怎么做,最后怎么做"这样的思路来写。后来我公开了我的申请书后,很多人看了后惊呼,原来研究思路还可以这样写!

确实,我用的是一种杂糅式写法,即一种嵌套式的宏观加微观的写法。既有一种宏观视角的大思路,如国际视野与本土意识结合,理论与实践相结合,又有一些细微的操作手段,比如用什么研究方法,用什么案例运作等。而且研究思路写作是有一些模式的,很多老师看了后就模仿了我的写作方法。

我对研究思路的建议是,你一定要想清楚,你的这个研究究竟要怎么开展。在开展的过程中是否存在两条线的路径?或者是两个层面的内容?或者几个方面的问题?

如果你的研究层面比较多,涉及的内容比较杂,就可以用我的这种杂糅式写法,既有宏观的大思路,又有具体的小思路。在研究思路这里,我强烈建议画一个图。

我见过的很多申请书,都会在研究思路这里画一张路线图,清晰地告诉评审专家。也有一些高手甚至把研究内容,研究的重点、难点,研究方法和研究思路一起,画在一张图里,而且这张图看起来非常清楚、明了,非常见功力。

我在做教育部人文社科基金分享课程时,把我做图的思路和方法说出来后,很多人都表示这是他们从来没有想过的。我之前也是看了其他人的申请书,才知道做图的重要性。有一张清晰明确的思路图,会为整个申请书增色不少(图19)。就像思维导图一样,一图胜千言,一图可以把抽象的内容视觉化、具体化。

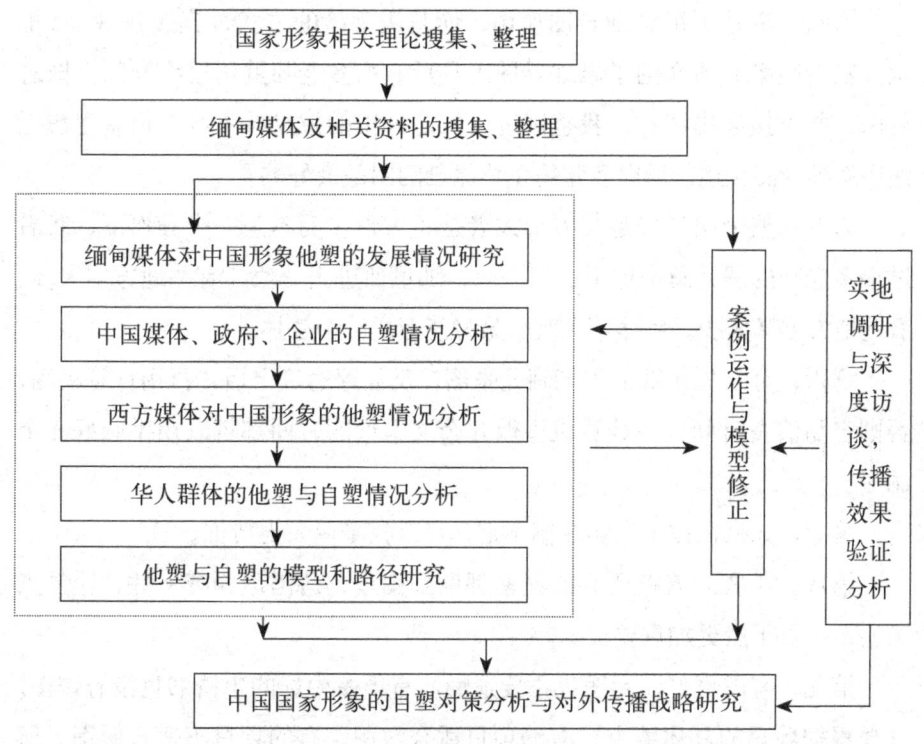

图19　思路图

我的这张图其实很简单,无非就是把研究内容流程化了,有点像一个流程图。但是,把内容还原为一张图的过程还是很艰难的。为了这张图,我也打了很多个草稿,推翻了很多次。而且在做的过程中,也是反复试验。

这里我给大家讲 10 个技巧。

第一,一定要新建一个文档,不能在原始文档里直接画图。画好后应该是截图为图片格式,再插入到原始文档中。

第二,一定要想好所占位置的大小,因为图的大小很难修改,有时候为了图会删去不少文字,如果图片太大,也会影响整体的内容。最好是占到一张 A4 纸页面篇幅 1/3 左右,最多不能超过 2/3。

第三,最好不做彩色图,因为后期打印可能会因为色块原因而看不清字。

第四,最好不用思维导图作图,而是用手绘的方式,直接在 word 里做。我给很多老师介绍了思维导图工具后,很多老师就用思维导图来做思路图,并直接导出图片。我也试过,但是导出的效果并不好,很多思想无法用思维导图表达。所以我觉得手绘原创的图是最好的。

第五,整个图最好是长方形或者是正方形,而不是一个异形图。我看过很多老师的图,总是这里凸出一块,那里凹进去一块,有些地方字太多,有些地方字又太少,整体不美观。最好能形成一个整体。

第六,可以先在纸上用笔画几张图,反复琢磨确定后,再用计算机画,否则容易浪费时间。在计算机上做几个文本框的时间都可以用手画好几个图了。

第七,如果在技术上实在搞不定,可以找专业人士帮忙。

第八,不要想着把所有的元素都做到图里,适当地删减一些,让重点突出,一目了然更加重要。

第九,有图更好,无图也不要遗憾。有很多中标的申请书也没有作图。这要根据项目的具体特点。有的项目适合做图,有的项目不适合做图。所以,这个图不是必选项,而只是加分项。

第十,可以借鉴他人的图但是也不要完全抄袭,因为只有适合自己的才是最好的。

关于思路图,具体还有一些操作技巧,我已经录制了一个操作视频,你如果想获取这个视频,可以给我发邮件索取,我的邮箱是:eryajiangtang@163.com。希望大家都能获得新技能,为自己的项目申报加分。

研究方法怎么写

研究方法的写作更是五花八门。

有一个老师曾问我,我用生态系统理论用到出版,这是什么研究方法,是"跨学科研究方法"还是"交叉研究方法。"我听到的第一反应是好像没有这样的说法。后来去百度了写一下,还真有这样的说法,"跨学科研究方法"又称"交叉研究方法"。

研究方法,其实有几层体系。跨学科研究方法应该是第一层。

方法论体系包括三层:哲学方法论,一般(科学)方法论和具体(科学)方法论。前者是各学科方法论的概括与总结,具有决定性作用,对后两者具有指导意义。三层方法论体系加起来有二十多种方法。

哲学方法是关于认识、改造、探索世界的最一般的方法,如比较法、归纳法、演绎法等,还包括定量法、定性法、分类法、分析法、综合法、观察法、实验法、抽象法、具体法。

一般(科学)方法是研究各具体学科,带有一定普适性的方法,如分析综合法、定量定性结合法、归纳演绎结合法、结构功能结合法等。

具体(科学)方法是研究某一具体学科或涉及某一具体领域的方法,如翻译学有平行语料库方法、屏幕录像法,经济学有本质特性分析法等。每个学科的具体方法都有一些特殊的方法,我们可以根据情况在项目申请书中加入一些跨学科的方法。

我在写研究方法这部分时,主要是从哲学方法论的体系中,按照研究思路来排列研究方法。下面是我写的申报项目的研究方法。

> （二）研究方法
>
> （1）规范分析与实证分析。对于国家形象等基础理论进行探索性研究，丰富国家形象理论的同时，指导国家形象的自塑实践。搜集缅甸媒体及相关媒体的报道和典型案例进行数据分析和文本分析，为传播实践进行指导。
>
> （2）文献归纳分析法。对于国家形象理论进行文献分析，总结其知识图谱，寻找提升的动力和支撑。对缅甸历史、文化、中缅关系等方面的文献进行搜集整理，归纳其媒体发展中对华态度形成的深层次原因和影响因素，并找到应对策略。在文献归纳的基础上，分析目前研究的不足之处，形成本研究的出发点，从理论视角到研究内容等方面进行拓展，以丰富相关的理论研究与实证分析。
>
> （3）比较研究法。对不同国家、不同类型的媒体实践进行对比分析，归纳国家形象塑造策略的共性和个性，为我国国家形象的自塑与他塑提供借鉴。
>
> （4）案例分析法。对于论文研究的主要内容，结合中国在缅投资企业和中国在缅的自媒体等途径进行传播策略的实施，检验研究模型的有效性与论文研究的意义。

当然，你也可以用其他的方式。例如，按照哲学方法论、一般方法论、具体方法论的顺序自上而下排列或者按照具体方法论、一般方法论、哲学方法论的顺序自下而上排列或者综合使用，按照重要性或自己研究的逻辑顺序排列。

研究方法的写作并不难，但是一定要准确、鲜明。

如果你的研究方法比较特殊，在这块就可以多着一些笔墨。

写研究方法一定要在每个研究方法后再加一些具体的阐释，表明这个研究方法的作用和意义。

研究方法的写作也有一定的套路，你可以根据自己的情况模仿借鉴。

研究计划进度怎么写

计划进度是你具体做这个研究的一个时间安排表。研究思路的具体化如下示例。

> （三）计划进度
>
> 2015年6月—2016年6月，收集与课题有关的最新成果、基础资料、进行全面课题调研。完成与国家形象的自塑与他塑研究的资料搜集和分析工作，完成缅甸媒体涉华报道的资料收集工作和分析研究，结合历史文献材料和实际调研，找到"他塑"的路径和模式。完成中国媒体在缅甸的自塑研究的资料搜集工作和基本分析工作。
>
> 2016年6月—2017年6月，根据前期的资料分析和初步结论，结合中国在缅企业和在缅媒体的实践，完成1～2个宣传案例，进行选题策划，方案实施，中期把控，后期效果检验的实际工作。通过问卷调查、在线访谈、控制实验等方式进行数据统计和分析，并取得一定的传播效果。
>
> 2017年7月—2018年3月，继续将理论与实践结合，不断修正国家形象的自塑与他塑模型，期间发表一些案例研究论文，召开小型研讨会，确定战略报告的基本内容，撰写课题研究成果，准备结题。

很多老师会用一个表格列出某个时间段做什么事情，当然如果你的版面不够用，你也可以用文字的方式。

计划进度这块内容要具体，一般分为三个或者四个时间段，以半年或者一年为单位进行划分。

计划进度里面的内容其实是对研究内容和研究思路的进一步细化。

所以描述的语句要更为具体，如要召开小型研讨会，准备撰写论文和研究报告，准备做案例分析，准备做调查访谈等。这些具体工作的内容就可以写在这个部分。虽然这个部分并不是特别紧要，但是也要用心。也许有的专家看前面的内容并不是特别清楚，但是在看到这里时终于明白你要做什么了。

我见过一些老师的申请书，前面的内容总给人特别模糊不清晰的感觉。但是后来发现他们其实是把一些很关键的内容写在了这里。也许落实到具体计划上，老师们才知道应该怎么做，怎么写吧。如果你把握不好内容的度，在这里亡羊补牢一下也是可以的。

所以，不管什么内容，一定要前后统一，有些问题可以反复阐述，只是说法略有不同。其实越具体的内容越好写，越抽象的内容越不好写。

写到这里，申请书的大体内容基本就完成了。

前期研究基础及资料准备情况怎么写

对于前期研究基础，有很多老师有如下疑问。

①研究基础中能不能写自己已有的课题和论文？会不会不符合匿名的要求？

②前期的研究相关的论文并不多，这块应该怎么美化？

③学校比较弱，成果也不多，好像没啥能写的？

④前期的资料基础也比较弱，好像写不出什么。

这些问题都是客观存在的。

我们也可以通过一些方法来解决，下面是我的写作示例。

（四）前期研究基础及资料准备情况

本课题申请人和主要成员多年来一直从事国家形象、国际新闻理论、国际传播、社会网络分析、媒体产业等方面的科研与教学工作，为本课题的顺利开展积累了丰富的前期基础：

（1）前期资料准备充分，具备一手资料来源：A. 为了进行本课题的研究，课题组成员从2013年起，陆续搜集了关于国家形象理论、缅甸媒体研究、国际传播战略等方面的研究文献、专业论著和教材，并对搜集的材料进行了认真细致的阅读和思考。B. 申请人在缅甸有一些亲戚朋友在中方企业和媒体工作，申请人去过缅甸多次，为课题搜集了大量的文献资料。

C. 申请人可以利用在缅甸短期生活和亲戚朋友的关系，在缅甸开展对外传播实践，并进行调研和分析。

（2）团队学术积累丰富，有大量的前期成果。发表学术论文和出版学术论著情况：课题申请人具有10年的新闻学专业背景，获国际新闻学博士学位，主要研究领域为国际新闻、国际传播、软实力、媒介融合等，从事多年的项目开发和实践调研工作。近5年来发表论文20多篇，其中CSSCI检索论文6篇，EI检索论文1篇，英文论文2篇，还出版了一部研究媒体与软实力关系的学术专著。课题组成员近5年来发表相关研究论文10余篇，承担或参与相关课题近10项。

（3）课题可以依托学校省部级的新闻出版产业研究基地和跨媒体重点实验室，具有雄厚的科研实力和良好的科研条件，为本课题的顺利开展提供了保障。团队具有新闻传播学、文化产业、计算机科学与技术等多学科的知识基础和科研背景，使课题研究更有科学性和实用性。课题组成员完全能够保证完成课题的所有需要，具有保障项目研完成的研究基础、知识积累和人员要求。

我当时也是在基础弱、前期资料少、学校也不出名的情况下，写出上面的这段话的。

是不是看起来还挺厉害的？

说到这里，应该是要告诉专家你有能力，也有把握把这个课题做好。虽然我并没有什么前期成果，但是我觉得只要我努力，就可以做得出来。在这个部分，不要用"我"这个词，一般是用申请人，课题负责人这样的称谓。

如果你自己不是很牛，也可以多写一下你的团队。这个部分的模式也是有的，我总结了如下几点。

第一：资料准备充分，有前期的调研，有一手材料。

第二：申请人自身有资历，经验丰富，成果丰富。

第三：团队牛，经验丰富，成果丰富。

第四：学校牛，学院牛，有实验室，有资金，有技术，有积累。

一般来说，前期基础无非就是从以上几点去细化写作。

所以，你就要拿出最饱满的精神，最好的状态，去做好这块的写作工作。

中期成果最终成果预计去向怎么写

写完了第三部分,现在我们要进行第四部分的写作了。

第四部分是研究的中期成果、最终成果和预计去向。

很多老师分不清中期成果和最终成果要写什么,他们之间的区别和联系是什么?说实话,我在写申请书时也没有弄得很清楚,完全是凭直觉。后来,我自己准备中期检查时,才仔细了解了其中的区别和联系,后面我会给大家详细讲解中期检查的有关事宜。

这对于大家写中期成果会有一定的启发作用,下面是我的写作示例。

四、本课题研究的中期成果、最终成果,研究成果的预计去向(限800字)
(一)中期成果 完成国家形象的自塑与他塑的理论知识图谱建构研究;对缅甸媒体的历史、发展、现状、问题、对华倾向进行深入分析,建立中国国家形象的频谱模型。撰写并发表核心期刊学术论文1.2篇。并形成几个子报告发给中国在缅使馆、企业、华人群体和中国媒体专业人士和相关专家,征询意见。配合中方企业和媒体做成1.2个传播案例,并考察其实际效果。 (二)最终成果 (1)发表学术论文不少于6篇(含中期成果论文),其中核心期刊、CSSCI来源期刊或EI刊源论文至少4篇。

(2)咨询报告一份,不少于20万字。

(三)研究成果的预计去向

1.本课题取得的论文成果和研究报告,不仅可以为国际传播学研究领域创造一定的理论和实践积累,而且可以为相关政府机构、媒体、海外投资的大型企业、公益组织提出一些对策建议。一是可以为中国和缅甸的外交政策的制定提供借鉴参考,二是可以为投资企业在制定宣传策略时提供借鉴,三是为中国的大国外交和软实力提升进行资料积累和思考。研究一个国家媒体对中国形象的塑造,也可以为中国制定更好地对外传播策略提供借鉴和参考。

2.本课题所形成的跨学科的研究方法和经验,可以为今后开展类似研究、科研团队建设和培养跨学科研究人才具有一定的参考价值。

我自己当时中期写的是发表论文1~2篇,还有研究报告的子报告部分。但是我到中期检查时,还没有一篇正式发表的期刊论文(仅有两篇论文集论文),而且研究报告也没有写完。但是,教育部的中期检查里规定了一些可以免予鉴定的情况。其中有一条是如果研究报告被采纳,可以直接免予鉴定通过中期检查。所以后来我就利用这个条款顺利地通过了中期检查。

所以,在中期成果里,我建议模糊处理,既写发表论文,也写咨询报告。如果没有论文,还可以用咨询报告通过中期。努努力,都是可以通过的,尽量不要被延期。

在最终成果里,我也建议写"论文+咨询报告"或者"论文+专著"的形式,但是现在专著出版越来越难,刊号紧张,出版周期太长,很多题材还无法出版专著。所以,如果写咨询报告,可能就会容易一些。对于论文,我也建议不要写那么明确要多少篇核心或者C刊。

我在这里写的是6篇,因为我开始想得很容易,一年发两篇,三年就是六篇了，但是后来才发现，这个题材在我们学科太小众，太难发了。所以不要自己给自己挖坑。我建议论文写3～5篇足够，2篇核心足够。其实这个数量国家没有明确规定，这是我通过多年的经验，总结出的这个规律。仅供参考。

有很多老师还喜欢把论文的标题都写好了，但是我觉得没有必要。如果到时候发不了这个论文标题，你还又得犯愁如何解释。对于预计去向问题，有些老师写得有点含糊，因为这块容易和应用价值写得很像。

是的，其实预计去向就是应用价值的具体表述。这块也是有套路的。

套路一：去政府，政府相关管理部门，为他们提供建议，参考，借鉴，案例，资料等。

套路二：去企业，为企业的相关创新发展提供建议，参考，借鉴。

套路三：去学校，比如提供了新的课程，新的教学方法，资料等，服务于科研团队建设，人才培养等。

套路四：去媒体，去宣传推广研究的价值，发挥更大的作用。

套路五：去社会组织，为某些公益事业，某些社会组织的发展提供建议参考。

总之，去向需要明确到去哪里，但是不能过于细到某省某市某地某县，以免有泄露个人信息之嫌。

最后，检查填报内容并保护文档如图20所示。

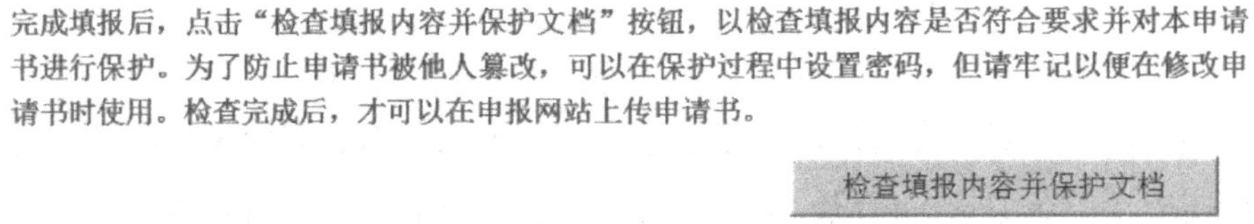

完成填报后，点击"检查填报内容并保护文档"按钮，以检查填报内容是否符合要求并对本申请书进行保护。为了防止申请书被他人篡改，可以在保护过程中设置密码，但请牢记以便在修改申请书时使用。检查完成后，才可以在申报网站上传申请书。

检查填报内容并保护文档

图20　检查填报内容并保护文档

在这里我建议不设置密码，以免后期你忘记了密码打不开文档。

不要高估自己的记忆力。有时候你前一秒设置的密码，后一秒就可能忘记了。而且我建议你保存一份 PDF 文档，供后期查阅打印分享使用。

申请书写完了，剩下的时间就是不断地修改了。再接下来，我会给你讲讲做项目的心得和体会，一些我走过的路和入过的坑。希望对你有所帮助。

如何做好中期检查的各项准备

中期检查是教育部人文社科项目的一个必须经历的过程。只有通过了中期检查，才能够继续进行后面的工作。

通过中期检查之后，教育部会再拨付一部分款项。如果是 8 万元的项目，在立项时会给 4 万元，中期检查通过后会再给 1.6 万元。最后结项时，再拨付剩余的 2.4 万元。

从时间上看，你应该在项目立项的一年半后就开始准备中期检查。如果你是在 2015 年初申报，9 月通知立项，那么教育部会在 2017 年的 6 月发布进行中期检查的通知。科研处的工作人员接到通知后，会第一时间通知你。然后你就要开始准备各种材料，进行中期检查了。

其实，从项目立项到中期检查，这一年半的时间是很短的。很多时候，你快到中期检查了，还一篇论文都没有发，一个研究报告都没有写完。我自己当时就是这样的情况。

但是，最终我还是顺利如期通过了中检。在这里，我也想把我通过中期检查的经验分享给你。

如何看懂中期检查通知。

我的教育部人文社科项目是在 2015 年 9 月正式下发立项通知的。

我是在 2015 年 6 月获知了项目中标的消息。而在这之前，我在学校的安排下已经在国家新闻出版广电总局（现在已经机构改革，并入到中宣部了）开始挂职锻炼，相当于是脱岗全职在国家机关工作一年。

在得知立项后，我是喜忧参半。因为我既要做一个全新的工作，还要做项目，压力陡然增加了很多。更要命的是，在立项通知下发后不久，我又意外怀孕，有了二宝。这无疑更是"雪上加霜"。

工作还得做，二宝也得生，项目也要继续。所以，我就在这样艰难的情况下，开始做教育部人文社科项目。我的项目是关于缅甸媒体的研究，但是我不懂缅语，没有一手资料，很难开展科研工作。虽然在项目申报时的论证写得很详细，思路也很清楚。但是真正操作起来，发现和想象中的差距很大。

在中期检查之前，我一直处在搜集文献资料阶段，也撰写了一些小论文，投了一些学术会议。我发现，将论文投稿给学术会议还是比较容易的，因为关于缅甸的研究比较少，凡是和国际传播、国际新闻、公共外交、新闻史有关的学术会议，都是百投百中。但是期刊发表就太难了，一是选题太窄，二是深度也不够。这个论文发表的问题一直困扰了我三年。其实当时我是没有时间和精力去参会的，都是让我的研究生美霖去参加。我帮她买火车票，帮她定酒店，还教她如何去报销。就这样，美霖代替我参加了五六个学术会议，还在会议上做了发言陈述。

其实，在做项目的过程中，你要多去参加各种学术会议，进行调研，一是拓展人脉资源，二是可以获取研究需要的一手资料。但是，因为我自己没有去参会，所以人脉资源没有拓展，一手资料也所获极少。所以，在中期检查前，我还没有一篇正式在期刊上发表的论文，也没有写好研究报告。但是，因为我还是有几篇论文，也参加了一些会议，所以还不是完全的两手空空。

对于中期检查，首先要仔细阅读中期检查的通知要求。

教育部人文社科基金项目申请指南

以 2018 年中期检查的通知为例，我来给你讲讲其中的重点，下面是中期检查的官方要求。

> 教育部社科司关于教育部人文社会科学研究一般项目 2018 年度中期检查工作的通知
>
> 教社科司函〔2018〕111 号
>
> 各省、自治区、直辖市教育厅（教委），新疆生产建设兵团教育局，有关部门（单位）教育司（局），部属各高等学校：
>
> 根据《教育部人文社会科学研究项目管理办法》（简称《项目管理办法》）的有关规定，现将教育部人文社会科学研究一般项目 2018 年度中期检查（简称中检）工作有关事项通知如下：
>
> 一、中检范围
>
> 1.2016 年立项的一般项目（包括规划基金项目、青年基金项目、自筹经费项目）。
>
> 2.2015 年立项的一般项目（包括规划基金项目、青年基金项目、自筹经费项目），因为特殊原因没有参加 2017 年中检或中检未通过者。

从中期检查范围，我们可以得到两个信息：一是对正常立项的项目的中检。二是对前一年的项目进行中检。也就是说教育部会给你一次延期的机会。在你的项目进行了一年半以后，你如果不符合通过中检的条件，你可以申请延期中检。如果你提交了中检报告但未通过，你也还有一次机会。

但是我并不建议延期。哪怕你前期什么都还没有，也要试一试，我自己当时就是这样的情况。所以你要仔细阅读下面中检的内容和条件，努力使自己达到能通过中检的要求。

中期检查主要内容。

按照《项目管理办法》的有关规定，中期检查主要内容如表中所示。

> ①项目是否按照《项目申请书》中批准的研究计划、研究内容开展工作；研究进度是否符合要求；项目经费是否真正用于课题研究，开支是否合理。
>
> ②项目责任人是否至少有1篇作为第一署名人正式发表的论文，或正式出版的专著1部，或提交并被采纳的研究咨询报告1篇（附实际应用单位的采纳证明）。
>
> ③所有成果是否标明"教育部人文社会科学研究××项目"字样，未标注者不予承认。

从上述要求中，我们可以解读到几个关键信息。

第一条是一个比较虚的指标，无法量化，所以任何人都可以符合条件。项目经费开支这项的考核标准是"合理"。如果你一分钱都没有花，或者全部花完，都是可以自圆其说的。所以这条可以不用看。

第二条是最关键的，这里面有很多信息需要解读。

第一项是"至少有1篇作为第一署名人正式发表的论文"，这个正式发表的论文可以是普刊的论文，也可以是核心期刊的论文。我的理解是在有正式刊号上发表的期刊论文，会议论文和论文集我认为是不能算的。

第二项是"正式出版的专著1部"。出版专著是需要花费很长时间的，除非你在立项前已经差不多写好了书稿，否则在一年半的时间里是很难出版的。从申请书号，审稿校对到出版，这个过程至少得3个月时间。所以这个条件估计很少有人能达到。但是，这里没有规定必须要用国内出版社出版，所以如果为了快速出版，也可以尝试通过国外出版社出版专著。

第三项是"提交并被采纳的研究咨询报告1篇（附实际应用单位的采纳证明）。"这一项的要求其实很模糊，"被采纳的研究咨询报告一篇"，没有规定字数，没有规定时间，没有规定被谁采纳。只要有一个采纳证明就可以。所以这一条是最简单也是最容易达到的。我当时因为前两项都没有，只能从第三项这里想办法了。攒一个咨询报告其实不难，因为前期还是做了很多研究报告和论文。难的是这个采纳证明该怎么弄。被谁采纳其实没有明确的规定，那么被一个村委会采纳算不算被采纳呢？被一个民营企业采纳算不算呢？

其实在最后的结项要求里，我们可以找到这个被采纳的标准。

教育部人文社科基金结项的规定里，有一条是免于鉴定。

> 成果第一作者须是项目负责人，且符合以下条件可申请免予鉴定，若申报时填报或变更为多种结项形式，则多种形式的结项成果都须达到各自的免鉴定条件，方可免鉴定。
>
> （4）研究咨询报告提出的理论观点、政策建议等被地（市）级以上党政领导机关或大型企事业单位采纳并取得实际效果；
>
> （5）成果涉及党和国家机密不宜公开，而质量和水平已得到有关部门认可。

从第4条和第5条可以看出，需要是被地（市）级以上党政领导机关或大型企事业单位采纳，也可以是一些涉密内容的有关部门。所以，我们需要去努力找到和我们项目相关的这些单位，开具采纳证明。

我当时找了一个大型国企给我开具的采纳证明，符合这里被采纳的条件。找企业可能比找政府机关要容易一些，也比找涉密单位也容易一些。所以如果你在做项目的前期，就应该留心和这些单位打交道，给他们出谋划策，使你的研究成果真的能够为他们所用。这样你在后期中期检查和结项时，都可以派上大用场。

第三条是一个硬性要求，没有太多活动的空间。但是这里要注意的是，从你的项目申报到最后立项通知书的下发，其实有半年多的时间，如果你在这期间发表了和你这个项目相关的论文，但是你立项结果还没有出来，应该怎么办呢？

我自己就碰到了这样的情况。我有一篇和项目相关的论文，是申报后不久写的。当时投给了一个学术会议，后来这个会议要出论文集，就问我这篇论文发不发。我当时还没有太多做项目的经验，就答应发表。因为当时还没有得知立项，所以这篇论文也没有将项目名称带上。其实当时我犹豫过要不要写上这是教育部项目的成果，但是转念一想项目还没有立项就写上项目名称，可能会被人说太自大了。但是后来项目真的立项了，这篇成果因为没有带项目名称，也不能算成教育部的成果，其实是白白浪费了。

如果你在申报项目后，在等待项目立项通知的时间里，写了相关论文并投稿，也有可能发表，为了稳妥起见，一定要等待一下，不要仓促发表。在得知立项后，挂上项目名称和编号再发表。

如何填写《中期检查报告书》

在弄清楚通过中期检查的各项条件后,就要开始准备中期检查的各种材料了。

中期检查材料中,最重要的就是《中期检查报告书》。下面以我的《中期检查报告书》为例,给大家讲解一下填报的一些注意事项。

在中期检查报告书的开头部分,是项目的基本信息,这里需要注意的项目最终成果形式,因为我当时填的是论文和研究报告,所以都写上了。其实,在前期申报时,你可以将论文作为阶段性成果,研究报告作为最终成果。这样,结项时就可以更从容一些。一般来说,只要最终成果过硬,符合条件,就比较容易通过。

一、研究工作进展情况(工作方案、调研计划、实施情况、拟开展的工作、存在的问题,能否按时完成研究计划等)
本项目于2015年9月获得立项后,项目组开始按照项目申请书的研究内容和研究思路开展相关研究。目前,本项目已经取得了一定的学术成果,整体运作良好。 项目组首先制订了详细的分工和调研计划,整理搜集了相关论文500余篇,相关书籍30余部。初步完成了对国家形象、缅甸媒体及相关资料的收集和整理工作。通过文献梳理,已经完成了一系列学术论文的撰写,参加了数次相关领域的学术会议,并发表在论文集和图书中。具体内容如下:

2015年8月，论文《忽视与构建：缅甸多家报纸涉华报道的实证研究》被"第九届世界华文传媒与华夏文明国际学术研讨会"收录，负责人受邀进行会议发言，会议由华中科技大学新闻与信息传播学院主办。2016年1月，该论文在论文集《华文传播与中国形象》正式发表，论文集由华中科技大学出版社出版。

2015年10月，论文《中国企业在缅甸的传播困境与形象塑造研究》被"2015年清华国家形象论坛"收录，会议由清华大学国家形象传播研究中心主办，负责人受邀进行会议发言。

2015年10月，论文《后威权社会的媒体转型之路——缅甸新闻出版业现状研究》被"中国新闻史学会外国新闻传播史研究会2015年会"收录，会议由北京外国语大学主办，负责人受邀进行会议发言。

2016年4月，论文《2015年缅甸大选中的移动媒体使用研究》被"2016中国新媒体年会"收录，会议由浙江大学主办，负责人受邀进行会议发言。

2016年12月，论文《浅析新媒体环境下中国形象在缅甸的传播困境和塑造策略》被"2016清华国家形象论坛"收录，会议由清华大学国家形象传播研究中心主办，负责人受邀进行会议发言。

2017年1月，论文《缅甸新闻出版业发展现状以及与中国的合作空间》被《中国互联网与数字出版研究指南（2015-2016）》收录，该书由中国新闻出版研究院主编，由中国书籍出版社出版。

2017年6月，论文《中国对缅甸的公共外交现状与展望》被"2017年首届中国全球传播与公共外交学术年会"收录，会议由浙江大学主办，负责人受邀进行会议发言。

2017年8月，论文《"一带一路"背景下中缅公共外交发展现状与展望》被"2017年中国新闻史学会全球传播与公共外交分会论坛"收录，会议由郑州大学主办，负责人受邀进行会议发言。

> 在调研方面，项目组通过交流拿到了一些中国企业在缅甸进行投资建设的一手资料。同时，项目组也将取得的学术成果提供给这些中资企业，对中国企业在缅甸的传播策略提出了一些建议。
>
> 从前期的研究来看，目前项目组也面临一些困难。首先是语言还存在障碍。目前参考的资料多为中文和英文资料，一些缅文资料很难阅读，为此项目组已经找到可以进行翻译的专业人士，下一步可以进一步在缅文资料收集和整理上下功夫。其次是资料太少且难以获得，关于缅甸研究的资料本身就不是很多，而且也很难查到特别有用的资料。缅甸的新媒体几乎都需要翻墙查看，而且多零碎而且很难有持续性。这为做实证研究和传播效果调查带来了不小的难度。最后是成果转化困难。从前期和企业、机构的联系来看，目前虽然对缅甸的相关研究逐渐热起来，但是从事相关工作的人员的思想和认识都还是比较原生态，对于媒体的认识也比较片面和主观。如果需要做出一些实际成果，还需要大量的沟通和较长的一段时间。
>
> 下一步，项目组将根据前期的资料分析和初步结论，结合中国在缅企业和在缅媒体的实践，努力完成1～2个宣传案例，或者进行舆情案例库的建设，初步建立对缅舆情预警机制。通过问卷调查在线访谈、控制实验等方式进行实证研究，并取得一定的传播效果。
>
> 之后，继续将理论与实践结合，不断修正国家形象的自塑与他塑模型，努力发表核心期刊论文，撰写课题研究成果，按时结题。

在研究工作进展情况的阐述中，虽然我并未发表学术期刊论文，但是在前期也做了不少工作，这些工作可以按照学术会议，调研访谈，资料搜集等方面去展开论述，让评审人看到你这两年没有闲着。

在说完了工作业绩后，也要说一下项目存在的问题和下一步的工作计划，这块的内容因人而异。每个人都会遇到一定的问题和困难，有的人可能还是非常的大的困难，因为是中期检查，所以这里面既要体现你遇到了困难和问题，更要体现你解决困难的勇气和问题的思路。

所以，既要说问题，也要说解决方案。

第一部分的内容写完后，我们来看第二部分，下面是我撰写的项目代表性成果简介。

二、1~2项代表性成果简介（基本内容、学术价值、社会影响等）

代表性成果：《缅甸媒体业发展调研报告》

该研究报告共计3.6万字，于2017年5月编撰完成，耗时近2年，是项目的阶段性成果。《缅甸媒体业发展调研报告》从缅甸本国媒体、外国在缅媒体、中国在缅媒体这三个方面入手，全面梳理缅甸媒体产业的现状和问题，从而分析中国企业在缅甸投资发展的面临的传播困境和发展机遇，力争对在缅中国企业耕耘媒体提出具体建议和操作措施。

该报告的学术价值主要有三点：

一是填补了缅甸媒体研究领域的空白。目前国内外尚未有对缅甸媒体产业的全面调研报告，报告对缅甸本土媒体的新闻出版政策、管理机构、报业、广播电视业、通讯社、新媒体产业等进行了全面的梳理，对外国在缅媒体如BBC、Facebook等在缅的耕耘和影响进行了剖析，对中国在缅的报纸、图书出版、广播电视、网络媒体等进行了挖掘，特别是对于微信等社交媒体的发展投入了研究视角。

二是结合了商业和文化视角来给企业提供实事求是、客观全面的决策参考意见。报告结合了缅甸的政治经济文化环境，对密松事件进行深入剖析，从增强中国企业和机构在缅甸对外宣传、投资策略方面的应对的能力的角度出发，对在缅中国企业耕耘媒体提出具体建议和操作措施。

三是进行了一定的实证研究。通过研究缅甸媒体的涉华报道和对华倾向，从"他塑"中挖掘其背后的认知、文化和政治动因，为两国的文化交流，公关外交和海外华人群体话语权的提升提供借鉴。为中国大力发展"一带一路"周边外交策略提供一些资料积累和意见参考。

这个《缅甸媒体业发展调研报告》的全文因为篇幅有限，我就不一一展开了。检查需要填写1～2项代表性成果，包括基本内容、学术价值、社会影响三个方面，所以就可以按照这三个方面进行论述。但是我在论述时，发现学术价值和社会影响可能是差不多的内容，所以就合在一起写了。而基本内容这块基本就是一个摘要性质的内容。当然也可以写得更多一些。但是我建议最好不要篇幅过长。

我的中期检查报告正好填写了三页。第二条这个正好填了一页，前面的内容占两页，这也是经过了仔细考量的。因为从这个报告的排版格式来看，应该就是这样的一个三页的篇幅。再多，再少，都是不好看的。

中期报告书的填写过程其实很快，我的内容可以供你参考。因为看过别人写的报告书，就会发现，其实填写这些内容并不难。

我的报告书肯定不是最好的，但是它可以给你信心。你看尔雅老师的这个基础这么差都通过了，你还有什么好怕的呢。

如何在网上提交中期检查材料

教育部人文社科基金的管理比较严格，几乎所有材料都是在网上提交的。从2018年开始，结项材料也都是在网上提交了。在中期检查提交材料时，要仔细阅读网站上的各项规定。比如，浏览器的问题，网站推荐使用Internet Explorer 9.0、360 8.0、谷歌Chrome 5.0以上版本的浏览器，其他浏览器可能不能正常操作。

再如，填错如何修改的问题。从流程上看，项目中检、变更、预算调整、结项申请，在发起相关"申请"后，可随时进行编辑、修改，待各项内容、材料填报完成、确认无误后，再"提交"给学校管理部门进行在线审核。

如"已提交"后发现还需进行修改，请联系学校管理部门将其审核为"退回修改"，之后即可重新进行编辑。

又比如相关项目管理规定等，都可以在中国高校人文社会科学信息网网站上找到（图21）。把这些规定都仔细研究并了解清楚，就可以更好地为结项做准备。

实在无法通过中期检查，申请延期怎么办？

如果你在中期检查时确实很困难，也可以申请延期检查，申请重大事项变更。虽然麻烦了一些，但是长痛不如短痛，这样做方便后期结题。

有些项目确实很难发表论文，这时就应该申请重大事项变更。有些项目开始写的是专著，但是确实很难出版，也应该及时修改。

管理规章	更多>>
·教育部人文社会科学研究一般项目结项材料审核要点	[2018-03-06]
·教育部人文社会科学研究一般项目成果鉴定和结项有关规定	[2018-03-06]
·教育部人文社会科学研究项目成果鉴定和结项办法	[2013-08-23]
·教育部哲学社会科学研究重大课题攻关项目管理办法（试行）	[2013-08-23]
·教育部哲学社会科学研究普及读物项目实施办法	[2013-06-14]
·教育部哲学社会科学研究后期资助项目鉴定、结项和出版工作规程	[2013-06-13]
·教育部哲学社会科学发展报告项目实施办法	[2013-03-22]
·教育部关于进一步加强高校科研项目管理的意见	[2013-01-11]
·教育部关于进一步规范高校科研行为的意见	[2013-01-11]
·教育部财政部关于加强中央部门所属高校科研经费管理的意见	[2013-01-10]

图21 相关项目管理规定

我开始很纠结要不要做重大事项变更，但是我还是相信自己，坚持没有变更。后来我发现，其实就算是变更，也不是什么丢脸的事。科研工作就是实事求是。而且项目管理也不是那么死板的。

我在2018年12月结项的名单里，还看到有2012年、2013年的项目，其实从这里就可以得知，很多项目都是不是如期结题的。所以不必太苛求完美，也不必为时间紧而太过焦虑。

但是，我当时做项目时没有人跟我说这些经验，所以我内心一直是比较着急和焦虑的。现在我可以云淡风轻地告诉你这些都不算事，那是因为我经历过了，就不觉得难了。如果我的经验能够帮助到你一些，那也不枉我这焦虑紧张的三年了。

所以，该拼一下就拼一下，实在不行就延期检查，申请项目重大事项变更。给自己犯错的机会，给自己改正的机会。项目总会做完的，生活却要继续。我们要保持一个积极的平和的心态来看待科研项目。

把做项目当作你的生活的一部分，你可以时时感受它对你的压力，但是在这种压力下成长，也是一件幸福的事。

如何准备项目的结题

中期检查通过之后，感觉松了一口气，但是马上，更大的压力就来了。那就是项目结题。

对于很多第一次做项目的老师来说，中标的喜悦早就被结题的压力冲的九霄云外去了。如果你是正在为结题发愁的老师，你看我的故事，可能会对你有所启发。

正如我刚刚说的，我在中期检查时，还没有发表一篇正式的论文。压力之大可想而知。只有一年半的时间了。如何在短短一年半的时间里发表6篇论文，并且还有几篇核心期刊论文，还要完成一部20万字的研究报告，这感觉是一个不可能完成的任务。而这一切不可能，都在最后一年里一个个发生了，而且故事一个比一个戏剧化。

中期检查之后，我制定了以下几个计划：

①多参加各类学术会议，开拓视野，不能等靠要，而是要主动出击，而且要跨界寻找资源。
②尽量多写论文，不管能不能发表，先得写出来。
③指导学生都写项目相关的论文，集中人力办大事。

后来证明，我的这三个计划都非常成功。先来说说我的第一个计划。

下面是一个我从2017—2018年里参加的投过稿的学术会议名单（表7）。

表7 2017—2018年笔者参加的学术会议名称

会议名称	时间	地点
2017年首届中国全球传播与公共外交学术年会	2017年6月	浙江大学
2017年中国新闻史学会全球传播与公共外交分会论坛	2017年8月	郑州大学
第九届华文传媒与华夏文明研讨会	2017年10月	广州外语外贸大学
2017中国传播学论坛	2017年11月	宁波理工学院
第二届全球传播与公共外交年会	2018年3月	大理大学
首届出版专业研究生论坛	2018年4月	青岛科技大学
第二届中国形象与全球传播高端论坛	2018年6月	上海外国语大学
中国－东盟新闻教育研讨会	2018年7月	贵州大学
中国跨文化圆桌论坛	2018年7月	北京外国语大学
首届符号传播学学术研讨会	2018年7月	四川大学
第二届国际影视传播高峰论坛	2018年8月	深圳大学
中华文化海外传播大连论坛	2018年9月	大连外国语大学
第三届视听传播高峰论坛	2018年11月	浙江越秀外国语学院
第二届中国新闻史学会编辑出版研究委员会学术年会	2018年12月	陕西师范大学

从2017年中期检查之后,到2018年年底,我参加了14个学术会议,平均一个月一个。这些会议绝大多数我都是带着学生参会的,而且都是投了会议论文,被邀请参会的。

你可能想问,我怎么有这么多时间,能写这么多的论文?

我怎么有这么多的会议信息,而且都还能赶上?

我想说,世上无难事,只怕有心人。

因为有结题的压力,所以我会特别留心各种会议的信息,只要是和项目内容相关的，我都要试着投一下稿。首先，通过会议投稿，可以更快地促进我写出论文。每次参加完会议，就像自己认知系统又完成了一次升级改造。因为专家的点评，与大咖们的交流，与同行的交流，让我更能找到前进的方向。其次，通过带学生参会，可以促进学生更快成长，而且我也与学生一起成长了。每次我看到有好的会议信息，我都会第一时间发给学生，让学生写论文。因为承诺写好论文就带学生参会，所以学生们都非常积极，也很想通过参会获得成长。这样慢慢地就形成了一个良性循环。曾经有一次，我和一群教授在早餐时坐在一张桌子上吃早餐。有一个非常好的教授，看到我几次参会都是带学生去，就很好奇地问我："你的学生为什么这么能写？这么会写呢？你是怎么带学生的？"

我微微一笑，很骄傲地说："这些论文都是我指导他们写的，他们确实很努力。"然后，桌上的大牛教授们就开始讨论带学生的各种问题。基本都是抱怨学生基础弱，不会写，催不动，带不出来等。我发现，不是所有的老师都喜欢带学生参会的，也不是所有的学生都能写出论文的。

我很庆幸我有几个好学生，也很为他们骄傲。而很多其他参会的学生则羡慕我的学生，羡慕他们有一个好导师。

通过指导学生写论文，我也摸索出了很多心得。通过参会我也发现，会写论文的学生真难得，会指导的老师也不多。没有谁是生下来就会写论文的，其实不能怪学生不会写，而是在于老师会不会教。最后，通过参会，我还找到了快速发表论文的渠道。现在很多学术会议都有期刊编辑参加，他们也希望在会议上想大咖教授们约稿，寻找好的稿源。虽然我不是什么大咖教授，但是我对自己的论文还是有信心。如果不是认识了很多编辑，我的论文也不可能在短短一年内陆续发表。而通过这一系列的事情，我也发现了学术界的很多问题，比如沟通机制不通畅，很多信息不对称等。

再来说说我的第二个计划。

我前后写了十几篇论文，大部分都没有发表。但是我最后在写结题报告时都写上了，也在结项材料里附上了。教育部最后提交结项时，可以写没有发表的论文成果。这也是我后来才知道的。我不知道这些没有发表的论文对于我最后顺利结项到底作用有多大。但是我知道，这些没有发表的论文在我最后写咨询报告时发挥了巨大的作用。

所以，功夫都不会白费，付出就肯定有回报。

再来说说我的第三个计划。我当时让我指导的本科生，研究生和其他的大学生科研计划的学生，都做和缅甸相关的课题和论文，前后有十几个学生参与过我这个课题，或多或少都贡献了一些资料和论文。

通过跟着我做项目，学生也锻炼了很多，我的研究生凭借论文获得国家奖学金，一等奖学金。我的本科生凭借发表论文获得奖学金，顺利出国。而他们的名字也和我一起，出现在很多期刊上，为他们以后的升学就业都提供了新的机会。

教学相长。通过做项目，我也不断摸索能够快速让学生写好论文的方法。这也为我后来开辟自己的知识付费事业打下了基础。

如何申请免予鉴定结项

说实话，结项就像结婚，没有谁的成果是100%完美的，思考是那么周到的，准备是那么充分的。在撰写结项报告前，要弄清结项的各项要求，根据要求来进行资料的准备。

但是，教育部也给结项者可以快速结项的机会，那就是申请免予鉴定。下面是一般项目材料审核要点。

教育部人文社会科学研究一般项目
结项材料审核要点

根据《教育部人文社会科学研究项目管理办法》《教育部人文社会科学研究项目成果鉴定和结项办法》的有关要求，教育部人文社会科学研究一般项目结项材料审核的主要内容是：对照项目《申请评审书》检查结项材料，审核项目研究是否按原计划完成任务，研究成果是否符合要求。

一、同时具备下列条件者可通过结项审核
（1）已经完成立项时批准的项目《申请评审书》约定的研究任务，最终成果形式与原计划或批准变更形式相符。
（2）最终成果由项目责任人完成或主持完成并作为第一署名人，不存在知识产权等方面的争议。
（3）著作类成果已经正式出版或已通过项目依托学校组织的成果鉴定，论文类成果已正式发表，研究咨询报告类成果有实际应用部门的采纳证明（注明采纳内容及价值）；
（4）项目成果均在显著位置标注"教育部人文社会科学研究××项目资助"字样。
（5）按照经费预算和有关财务管理制度合理合法使用项目经费。
（6）提交《终结报告书》电子文档和纸质件内容一致。

以上要求主要看第三点。

①著作类是正式出版的，或者已通过项目依托学校组织的成果鉴定。这个告诉我们，专著没有出版也可以结题，只要有成果鉴定就可以。

②论文成果已正式发表。这点告诉我们只要正式发表就可以，不是一定要CSSCI检索或者SCI检索。

③咨询报告有实际应用部门的采纳证明（注明采纳内容及价值）

结项要求

以下要点主要看第2点，这里说的是和前期的申请书严重不符，所以说，如果有些许出入，一般还是可以允许结项的。

> 二、有下列情形之一者不予结项
>
> （1）结项材料（至少1份原件）不齐全，或未经学校社科研究管理部门审核并加盖公章。
>
> （2）未完成立项时批准的《申请评审书》约定的研究任务，提交结项的研究成果与《申报评审书》填写的成果形式严重不符，且未提出并经教育部批准的成果形式变更申请。
>
> （3）未提交项目研究成果，或虽提交了研究成果但项目责任人并非第一署名人。
>
> （4）著作类成果未正式出版，且未通过项目依托学校组织的成果鉴定；论文类成果未正式发表；研究报告类成果没有使用单位的采纳意见或采纳证明不符合要求。
>
> （5）未经批准更换项目责任人，且未提出并经教育部批准的项目责任人变更申请。
>
> （6）研究成果未按规定标注"教育部人文社会科学研究××项目成果"字样。
>
> （7）项目经费开支与预算明显不符，严重违反有关财务管理规章制度。

免予鉴定范围

从下文可知，其实教育部人文社科基金免予鉴定的条件还是比较宽松的。

> 三、免予鉴定范围
>
> 完成《申请评审书》约定的研究任务，研究成果标注"教育部人文社会科学研究××项目资助"字样，且符合下列情形之一者，可申请免予鉴定：

> （1）专著类成果已正式出版。
> （2）在SSCI、A&HCI等国际索引期刊及CSSCI来源期刊发表论文2篇以上。
> （3）成果获得国家级、省部级奖励或国家一级行业学会三等奖以上奖励。
> （4）研究咨询报告提出的理论观点、政策建议等被地（市）级以上党政领导机关或大型企事业单位采纳并取得实际效果。
> （5）成果涉及党和国家机密不宜公开，而质量和水平已得到有关部门认可。

有5种情况都可以申请免予鉴定。我当时是有两个采纳证明，分别符合第4条和第5条。

你可能想说我为什么要准备两个，这其中也有很多故事。首先我是联系了企业，有了一个采纳证明。后来我又受邀参加了军事科学院的一个涉密课题，因为有这方面研究的资源和经验，所以课题做得很顺利。这样，军事科学院又给我了一个采纳证明。而这两个采纳证明取得的时间又差不多。所以我就都提交上去了。

有了采纳证明，其实还不够。论文成果的数量也得够。很多人不知道论文成果应该写几篇。我认为，从免于鉴定的条件来看，一般来说，有2篇CSSCI以上的检索论文，就肯定是足够了。

所以我现在一般建议大家写成果时，都写发表论文3～5篇，其中2篇核心期刊或者CSSCI检索论文。虽然我写了很多论文，但是大部分都没有发表到核心期刊或者CSSCI来源期刊，这里面有很多客观的因素。所以，前期申报时不能过于乐观，以免后期痛苦不能顺利结题。

教育部每隔一段时间就会有项目结题情况的通报，一般是两个月一次。

我浏览了从2018年到2019年的所有情况通报（该文件可以在中国高校人文社会科学信息网网站上找到）（图22），发现了5条规律。

教育部司局函件

教育部社科司关于教育部人文社会科学研究一般项目2019年7-8月结项情况的通报

各省、自治区、直辖市教育厅（教委）、新疆生产建设兵团教育局，有关部门（单位）教育司（局），部属各高等学校、部省合建各高等学校：

根据《教育部人文社会科学研究项目管理办法》（教社科〔2006〕2号）和《教育部人文社会科学研究项目成果鉴定和结项办法》（教社科〔2007〕145号），我司对近期申请结项的一般项目进行了审核，现将有关情况通报如下：

一、申请结项审核情况

此次共受理结项申请302项。其中，291项通过审核准予结项；申请免予鉴定的项目中有11项经审核不符合免予鉴定条件，本次不予通过结项。具体结项情况详见附件。

二、未通过结项审核项目的处理办法

本次未通过结项的项目，一年内达到免予鉴定条件后可重新提交结项申请，也可组织专家鉴定后报我司审核，逾期未提交或结项审核仍未通过的项目我司根据情况作终止或撤项处理。

图22 教育部社科司关于教育部人文社会科学研究一般项目2019年7-8月结项情况的通报

第一，很多项目都超过三年才结题，就是说提交结题材料可以比申请书写的时间要稍晚一些。

第二，教育部项目是随来随结，就是说你只要准备好了，可以随时提交结项材料，在申报规定的时间内，你提交了教育部就会审核，通过后就会发结项证书。

第三，如果提交结项材料后不予结项，也可以再次提交，但是只有一次机会，再不通过就只能被中止或者撤销，钱还要全部退回去，所以提交结项材料前一定要慎重，最好咨询一些结过项的前辈，跟他们取取经。

第四，申请延长的期限最多可以5年。

第五，每年都有很多不予结项的项目和被撤销的项目，所以，申报项目只是一个开始，做项目和结项才是重点。

结项情况通报

如果你想申请免于鉴定,一定要仔细阅读要求,确定自己符合条件再提交,不要抱着侥幸心理提交材料,表8是2019年1~2月的结项情况,给大家做参考。

表8 教育部人文社会科学研究一般项目2019年1-2月结项情况一览表

序号	项目批准号	负责人	依托高校	项目类别	最终成果形式	结项情况	审核日期	备注
						不符合免予鉴定结项要求	2019-01-17	负责人为第一署名人的CSSCI来源期刑等论文仅有1篇
					研究咨询报告;论文	不符合免予鉴定结项要求	2019-02-27	无负责人为第一署名人的CSSCI来源期刑等论文;提交著作与立项课题内容不符

其实结项时间可以拖一拖,可以晚一点,但是最好一次就过。

你到结项时,可能或多或少都会和之前填报申请书时的成果要求有所出入,这是很正常的,不要过于担心。

因为人不是神,不是都能把三年后的情况预测得那么清楚,考虑得那么仔细。

我当时提交材料时心里也是很忐忑的。不知道材料中还有没有不符合规定和要求的地方。问了学校的科研管理部门,他们有很多细节问题也无从知晓。所以,很多人的结题经验也是自己的有限经验,每个人都不一样。

当然,祝大家一切都顺利,争取一次就过。

如何填写结项报告书

如果你没有申请免于鉴定，也可以按照常规的方式来进行结项。仔细阅读结项说明，按照结项说明的流程来进行准备。在此就不一一赘述了。

如果你对于结项方面还有什么问题，可以来与我一对一沟通，我的QQ号是：2214780882，微信号是 eryajiangtang。对于结项报告书，我还是有很多心得想与你分享的。因为我自己在写结项报告书的时候，也有很多地方是有困惑的。所以我希望我的一些有限的经验可以帮助到你。

结项报告书是在系统里填报的，填完后可以导出一个PDF文件，然后打印出来，和其他的材料一起再提交给学校的科研管理部门。

科研管理部门给这个报告书加盖公章后，会和其他材料一起呈送给上级管理部门。因为我们是北京市市属高校，所以会提交给北京市教委，北京市教委审核后会再提交给教育部社科办。

如果你是部署高校，那就会直接提交给教育部审核。

下面我就以我自己的结项报告书为例，给你们讲讲填报的技巧。

基本情况

第一部分是基本情况（表9）。

表 9　基本情况

项目名称	中国形象在缅甸媒体中的他塑与自塑研究				
项目经费	批准经费：	8.0 万元；	已拨经费：	7.2 万元；支出：	万元
批准时间	2015 年 08 月	计划完成时间	2017 年 06 月	实际完成时间	2018 年 12 月
课题组成员					

首先，项目名称是不变的，如果中间有变更过，以变更后的为准。

其次，项目经费按照实际收到的和支出的金额填报，支出的金额一定要与学校财务开具证明的金额相符，哪怕是一分钱，都要一分不差的写上去。我的这个金额就写到了小数点后 6 位，也就是精确到了分。

再次，批准时间，计划完成时间，和实际完成时间，也要实事求是地写。我当时在写申请书时，没有经验，所以时间写得太早。2017 年 6 月其实正好是中期检查的时间。我记得中期检查时，教育部是有一个明确的通知的，而且是必须通过中期检查后，才能准备结题。所以，我当时自己的理解是通过了中期检查，应该还有一年半的时间准备结题。因为教育部项目一般为 3 年。所以，我给自己设定了一个结题的时间期限点，就是到 2018 年年底结题。中期检查过后，我一直在积极准备结题，但是由于论文很难发表，所以一直很焦虑。眼看时间就要到了，论文的数量还是不够。事实上，我是在 2018 年 11 月时，收到了学校科研部门的通知，通知我准备结题。所以，这和我预期的时间一样，科研管理部门也认为我应该是 2018 年底结题，而不是按照申请书写的 2017 年 6 月结题。所以，我在填表时，就按照实际情况填了。当时填这块内容时我是有点的忐忑的。虽然按规律或者是规定说，我是按时结题的，但是按照计划来看我算是延期结题了，而我又没有申请过延期。事后看来，这个时间不是一个关键问题。如果你比计划晚了一点，只要政策允许的时间范围内，都是可以理解的。如果你不想冒险，也可以在中期检查时或者过后申请延期，其实政策也是允许的。以免像我这样为此事担心忐忑了很久。

最后，课题组成员，在填结项报告时，我在原有的课题组成员的基础上，增加了几个课题组成员。因为增加的课题组成员都是后来才参与项目的，而且在发表论文时，他们都是合作者。后来，我才知道，这些课题组成员的名字都会出现在结项证书上，也许这个证书会对这些课题组成员未来评奖评职称有用，所以在填写时，一定要慎重。最好在填报时事先跟他们都沟通一下，有些成员可能在这几年并没有参与太多，而有些成员可能后来加入参与了很多，所以在排序上添加的成员时都要注意。

标志性成果和其他主要阶段性成果

不知道是系统问题还是我填报的问题，在导出 PDF 时，未显示我填报的标志性成果。

但是这个不是关键问题，关键问题是，你要写几个标志性成果。

系统的规定是限填 1～3 项，但是我建议大家就填 1 项，主要就是你的研究报告或者是专著。如果你有特别高水平的论文也可以填。

我在这里填的是最终的研究报告。

其他阶段性成果，主要就是已发表和未发表的论文以及中期的研究报告。

研究成果统计

填到最后，有一个研究成果统计的表格。这里面有几个细节值得思考。

本表填写的项目成果合计：18 个，包括著作：0 部，论文：6 篇（其是在 SSCI、SCI、EI、A&HCI、CSSCI 入选刊物发表：0 篇），研究咨询报告：2 篇（其实被采纳：2 篇）与其他：10 个。

注：本表填写的项目成果须在显著位置标注"教育部人文社会科学研究 ×× 项目资助"字样（未标注者不统计）；研究咨询报告附盖有采纳单位公章的采纳证明（注明采纳内容及价值）在本报告书之后装订。合作成果的署名人限署名最靠前的 2 人。

首先，论文这里的关键指标只有 SSCI、SCI、EI、A&HCI、CSSCI 入选刊物这几个，而北大核心和其他核心就不是关键的考察指标。但是大部分高校还是认可北大核心的，所以，你如果在原来的申请书里写发表北大核心期刊，在这里就体现不出来。教育部这个系统里只认 C 刊，国家社科基金也是一样。所以如果你没有明确说我要发多少 C 刊，只要论文数量达到，就是可以结题的。我的 6 篇论文里，有 3 篇是在 2018 年年底发表的，你们可想而知我当时的心情和感动。所以，我一直跟很多人说，船到桥头自然直，车到山前必有路。很多人都说我运气好，这里面确实也有运气的成分，但是这些论文都是我投稿了一年多后，几经被拒，多次修改后的成果。所以是运气，也是实力。而且当时申请书我写了要发 4 篇核心期刊，但是发现最后填表时，根本体现不出来这个指标。所以，我发现我努力了很久的核心期刊，竟然没有什么用。在失落之余也很庆幸自己当初没有写一定要发 4 篇 C 刊。要不然我现在就没有办法写出这本书了，还在被拒和延期的痛苦中挣扎。

项目执行情况

在写执行情况时，我把休产假和挂职也写上了，不知道能不能博得一点评审专家的同情分。做女学者，女老师，还是二胎妈妈，还要做科研，其中的艰辛可想而知。怀孕这一年哪里都不能去，生完孩子这一年基本哪里也不能去。所以这一耽误就是两年。在这样的情况下，我还做了这么多成果，有这么多的访谈和调研，去参加了这么多学术会议，现在回想这些经历，都觉得不可思议。

我特别感谢这些调研的单位和缅甸研究的相关前辈，你们给了我太多的帮助。表 10 是我的项目完成总体情况。

表10　项目完成的总体情况

1. 项目研究计划的执行情况；2. 所取得的成绩和存在的问题等。（1500字以内。）

1. 项目研究计划的执行情况

本项目于2015年9月获得立项后，项目组开始按照项目申请书的研究内容与思路开展研究。由于项目负责人前两年在国家新闻出版广电总局进口管理司挂职锻炼和休产假，所以项目组在此阶段重点工作是搜集材料，调研访谈，撰写论文和研究报告。其中整理搜集了论文500余篇，书籍30余部，初步完成了对国家形象、缅甸媒体及相关资料的收集和整理工作，参加了若干学术会议并初步形成了一定的学术成果。

2017年7月，项目顺利通过中期检查，中期研究报告《缅甸媒体业发展调研报告》并被三峡国际能源投资集团有限公司采纳。

此后，项目组按照中期提出的规划继续开展相关工作。先后撰写了10余篇学术写论文，参加了10余次关于缅甸研究和媒体研究的学术会议，与各相关单位交流项目成果。与新华社、广西电台、云南大学缅甸研究所、军事科学院、孔子学院、三峡集团以及缅甸留学生群体等20余家单位和100多位专家学者进行调研访谈，不仅获取了大量的一手资料，还对项目的相关成果进行了验证。部分单位采纳了本项目相关内容建议，并取得一定实践效果。

目前，本项目已经完成了立项批准时约定的研究任务，最终成果形式与项目申请书的成果要求相符。研究报告有实际应用部分的采纳证明，且符合申请免于鉴定的条件。

存在的不足

取得的成绩就不多说了，不足挂齿。

存在的不足我还是想说一下。其实做项目就是一个艰难的过程，就是一个遇到问题解决的过程。我的这些问题也是你可能会遇到的问题，但愿对你有所启发。

（2）存在的不足
一是语言不通，获得的一手资料不足。项目参考的资料多为中文和英文资料，缅文资料太少且难以获得。二是社交媒体的传播案例调研难以开展。缅甸虽然有Faccbook和Twitter等新媒体渠道，但是在国内都不便查看，这些社交媒体内容的收集整理以及整理挖掘难度太大，为做实证研究和传播效果调查带来了不小的难度。三是成果转化困难。与缅甸媒体进行深度合作，但是由于资金、地域局限等原因，很难将项目落地实施，成果转化还需要大量的工作和较长的时间。

标志性成果

标志性成果是我的研究报告，在短短一个多月的时间里完成。那段时间，真的是跟面临高考一样，每天都拼尽全力地写啊写。

对于研究报告其实我的思路非常清晰，前期资料也比较丰富，所以写起来并不是很吃力。

只是遗憾的是这个题材无法出版，所以只能作为研究报告。

如果你对我的报告有兴趣，可以找我索取研究报告。注明索要的原因和用途。我会很乐于与你交流，下面是标志性成果摘要报告，供读者参考。

1.研究成果的框架和基本内容；2.研究内容的前沿性和创新性；3.研究方法；4.学术价值、应用价值或社会影响等。（著作类成果限3000字，论文类成果限1500字）

1.研究成果的框架和基本内容 最终研究成果由一个主报告和两个分报告组成。 主报告的绪论部分明确了研究的目的和意义，对相关研究进行了文献综述，以及阐明了研究方法和研究思路。缅甸作为中国西南边陲的重要邻国，有着悠久的胞波情谊和深厚的交往历史。同时，缅甸的地缘位置重要，资源优势明显，在中国提出了的构建"一带一路""澜湄合作"以及中印缅孟经济走廊等一系列的大局倡议中，缅甸都是其中的重要环节。而由于缅甸不稳定的政治环境和对华不友好的舆论环境，我们需要特别注重和研究中国形象在缅甸的塑造和构建问题。 主报告第一章梳理了国家形象的知识图谱。对国家形象的基本概念和范围，他塑与自塑的含义，中国形象他塑和自塑的现状和困境进行了详细梳理。"自塑"和"他塑"只是构建一国国家形象的两种不同方式，要想传播客观全面的中国国家形象，需要传媒主动强化"自塑"的意识。习总书记已经明确回答了塑造一个什么样的国家形象和怎样塑造国家形象的问题，为中国的国家形象建构和本研究指明了方向。

报告很长，内容就不一一分享了。如果你对我的这个研究有兴趣，我们可以继续探讨交流。

关于我的结项报告书，如果你还想要进一步了解，也欢迎与我联系，我会知无不言，言无不尽。

附　录

附录一　教育部人文社科项目申请书分享

一、本课题研究的理论和实际应用价值，目前国内外研究的现状和趋势（限2页，不能加页）

（一）本课题研究的理论和实际应用价值

（1）研究的理论

近年来，随着中国的和平崛起及其在全球所产生的影响日益增强，有关中国形象问题一直持续引起人们的广泛关注和热议。所谓国家形象，即某一国家在人们心目中的总体印象和评价，是世界范围内对于一个国家的整体认知和印象的抽象表现。国家形象因为更多的是与媒体的宣传有关，所以有学者认为国家形象应该定义为"一个主权国家系统运动过程中发出的信息被国际公众影像后再特定的条件下通过特定的媒介（medium）的输出（张毓强，2010）。国家形象研究还广泛涉及了国家软实力，国际话语权，国际传播等相关研究理论和问题，篇幅有限在此不能一一赘述。

而在国家形象的塑造中，又一直存在"自塑"与"他塑"两种情形。由于种种原因，长期以来，中国国家形象中的"他塑"部分占据主导地位，并对国际舆论产生着深刻的影响。这对中国十分不利。作为一个发展中的大国，中国需要为自己营造良好的外部环境，得到国际社会的信任、理解与支持。为此,中国应以独立的传播主体的身份,参与到国际舆论的议程设置中去,突破"他塑"带来的种种负面影响,同时增强"自塑"的力度,将一个历史传统深厚的、和平发展的、具有国际视野和现代气息的中国形象呈现在世人面前(程曼丽,2008)。

(2)实际应用价值

缅甸是中国的重要邻国,两国拥有悠久的"胞波情谊"。在经过了半个世纪的军政府的新闻管制后,2011年9月缅甸在民主化改革中迈出了重要一步,放开了新闻管制。而在这之后不久,缅甸政府在一些私营媒体以及环境保护组织营造的国内巨大舆论压力下,叫停了中国投资的36亿美元的密松水电项目。有学者将其称为自20世纪爆发的反华暴乱以来缅甸民众反华情绪的最集中爆发。这其中,与美国的煽动和资助不无关系,但是也与一些媒体对中国形象一直以来的负面塑造有深刻关系。中国在缅甸具有巨大的战略及投资利益,仅水电项目投资就可达几百亿美元,然而近年的密松事件、莱比唐铜矿事件,给中国带来了不小的损失,中国的国家形象也进一步被当地乃至西方媒体曲解和渲染。中国综合实力的崛起和对缅甸的投资建设,并没有使中国的国家形象和国际话语权得到相应程度的提升。相反,在媒体自由化和一些西方势力的煽动下,中国对缅甸的外交政策屡屡被民众舆论质疑,中国的投资项目更是因为缅甸国内局势的动荡而受到影响。缅甸目前有中国血统的人口数量接近250万人,是一个不小的群体,可是尚未形成一支能够引导缅甸舆论的力量。

所以,研究中国形象在缅甸媒体中的他塑与自塑问题有三个意义。一是从学术角度来看,可以通过新闻传播学的基本理论与方法研究,结合政治学、经济学、外交学、语言学、历史学、信息科学等多学科的视角,进一步深化和完善国家形象以及软实力等理论研究,为我国的国际传播学科建设提供理论支撑。二是从商业和文化的角度来看,通过研究缅甸媒体的涉华报道和对华倾向,从"他塑"中挖掘其背后的认知、文化和政治动因，可以增强中国企业和机构在缅甸对外宣传、投资策略方面的应对的能力，为两国的文化交流、公关外交和海外华人群体话语权的提升提供借鉴。三是从政治外交的角度来看，通过研究对缅甸一个国家的中国形象自塑和对外传播战略，可以将其经验和技巧推之以其他国家和地区，通过对中国国家形象的"自塑"模型建构，为国家制定外交策略、对外传播策略时提供借鉴，从而提升中国的国家形象和国际话语权，形成对我国总体有利的国际舆论环境。

（二）目前国内外研究的现状和趋势

（1）关于国家形象的研究。国内学术界对"国家形象"的研究起步较晚，从20世纪90年代中期开始才有新闻传播学的学者关注到这一议题，主要是新闻传播学领域，并以对策性研究和描述性介绍为主。国内外对国家形象及相关理论的研究比较丰富，主要集中在三个方面：一是关于国家形象的定义、概念、内涵的研究，如乔舒亚.雷默（2004），约瑟夫.奈（2009），范红（2013），余红（2014）等对中国的国家形象的塑造和软实力的提升提供了诸多建议，二是国家形象与媒体关系的研究，如程曼丽（2007），林少雄（2012），孙淑亭（2012）等对于媒体在塑造国家形象中所起的作用进行了阐述，对于中外媒体在塑造国家形象时的表现进行了剖析并提出了建议，三是对国家形象的塑造策略研究，如刘艳房（2009），金正昆（2010），袁赛男（2011）等从更为宏观的视角来看对国家形象的塑造，比如从政治学、语言学等其他学科介入来研究国家形象，为我们提供了更加多元的研究视角和材料。

（2）关于缅甸媒体的研究。国内外关于缅甸媒体的研究极少，主要集中在三个方面，一是对于缅甸新闻业发展的历史和特点研究。陈力丹（2012）对缅甸新闻业历史和面临的制度变化提出的见解和忧虑。展江（2013）对缅甸160年来的新闻法制史进行了梳理，发现自由后的缅甸新闻体制存在的诸多问题。朱学东（2014）从媒体人的角度对缅甸媒体的落后现状表达了忧虑和未来的乐观。张建中（2012）对缅甸新媒体在缅甸民主化进程中发挥的作用和影响进行了深入剖析；二是对缅甸媒体涉华报道和对缅甸人对中国人的态度研究，如伍庆祥（2012）根据缅甸官方报纸《缅甸之光》的报道进行了实证分析，阐述了缅甸媒体中的中国形象，并提出了改进形象的三点建议，加大电视剧出口，利用佛教促进传播，改进投资宣传。缅甸学者敏辛（2012）在《缅甸人对中国人的态度：中国人在当代缅甸文化和媒体中的形象》一文中则指出自20世纪80年代以来，缅甸人对中国人的持一种明显消极的态度。这种情绪不是一种短暂的舆论，而是一种态度。三是对缅甸媒体的报道案例研究和新媒体运用研究，如张涛甫（2011）以2010年的昂山素季事件为典型案例，分析缅甸媒体的不同表现以及折射出来的缅甸媒体发展状况。孙广勇（2015）在《新媒体———东南亚社会转型的双刃剑》一文中考察到新媒体给缅甸社会带来的深刻影响，增加了本研究的视野广度。

　　总的看来，国内外学者对于中国形象在缅甸媒体中的他塑与自塑研究，从研究时间上看大多开展较晚，从侧面反映学术界对此问题的研究还处于起步阶段。从内容上看大多集中于对国家形象塑造的概念、存在问题和发展策略进行宏观分析、对个别缅甸媒体的发展情况进行简要的介绍，相对缺少从宏观到微观的系统性分析研究，对于国家形象的研究也较少与真正的"自塑"实践案例结合起来，缺乏实证分析。综上所述，我们需要从三个方面予以突破：一、研究视野需进一步提高，受国内对缅甸国内政治经济文化和媒体发展了解的局限性等现实因素的影响，现有的研究多集中在某些媒体或者是传统媒体方面，对新媒体的发展或者对全局性的研究不多；二、研究视角比较单一，大多研究从提升国家综合实力或中华文化传播力的"宏大"角度切入，缺乏对于从投资企业角度和受众需求角度研究如何在缅甸的媒体中进行中国形象的自塑，没有建立模型和途径，使一些研究成果有空疏之憾；三、研究的理论基础和方法尚待完善,目前主要采用文献研究、个案分析等定性研究方法,很少使用实验法、数据分析、抽样分析等定量研究研究方法。在论述中仅限于事实的描述和价值判断上,使对国家形象的相关研究成果缺乏针对性和现实操作性。

二、本课题的研究目标、研究内容、拟突破的重点和难点(限2页,不能加页)

（一）研究目标

通过本课题的研究,进一步对国家形象理论和相关理论进行梳理和深化,了解和掌握缅甸主流官方媒体、私营媒体以及新媒体和另类媒体的对华态度和定位特征,掌握其对中国形象建构的话语特点和行为模式,通过进行深层次的文本分析,案例分析和传播模式解构,进而了解缅甸媒体对中国形象进行"他塑"的生成机制和作用机制。在进行"他塑"研究的基础上,和中国政府机构、企业、华人团体、中国媒体合作,通过一定的案例运作和传播,研究传播效果,进一步修正和实践,从而提出对中国形象进行"自塑"的建构模型,提出对中国形象进行自塑的对策和建议,并为国家的对外传播战略提供参考。

（二）研究内容

（1）国家形象的自塑与他塑研究。包括:A. 国内外对国家形象理论和相关理论的知识图谱进行梳理分析;B. 英美等发达国家对国家形象的自塑与他塑的典型案例分析,韩、俄、印等国家塑造国家形象的案例分析;C. 国际一流媒体进行国际传播与国家形象塑造的战略分析。

（2）缅甸媒体对中国形象的他塑研究。包括:A. 缅甸主流官方媒体包括报纸、电视台、广播、网站的近5年来的涉华报道研究和对中国形象的塑造研究;B. 缅甸私营媒体如《缅甸之声（DVB）》等的对华报道研究;C. 缅甸中文媒体如《金凤凰》的传播战略研究;D. 缅甸新媒体如Facebook, Twitter传播中的中国形象研究;E. 西方媒体在缅甸对中国形象的塑造情况分析。

（3）中国媒体在缅甸进行的自塑研究。包括A. 中国国家主流媒体如新华社、人民日报等对缅甸的传播情况研究；B. 中国网络新媒体如微信、微博和网站在缅甸的传播情况分析；C. 在缅华人群体对中国形象的自塑研究；D. 中国形象在缅甸媒体的自塑路径和模型研究。

（4）中国的对外传播战略研究。包括A. 中国主流媒体对中国形象自塑的战略研究；B. 中国政府、企业、团体组织在缅甸及其他国家的公关外交案例分析；C. 新媒体在对外传播中进行中国形象自塑的模型分析。

（三）拟突破的重点和难点

（1）重点。将研究国家形象相关理论和对外传播战略和方法引入到对缅甸媒体发展情况的研究中，以缅甸为缩影，进一步扩展国家形象理论的外延和内涵，并将其经验和战略推广。在研究中将重点把握缅甸媒体对中国形象塑造的手段、途径、技巧和模式，对缅甸媒体的发展全貌进行深入剖析和具体解读。通过案例解读得出应用发展模式，提出对中国的国家形象的自塑与他塑的对策和战略。

（2）难点。一是要对缅甸的媒体进行深入研究，很难到国外进行长时间的实地走访，较难获得内部资料，但是可以通过在缅甸的亲戚朋友关系拿到基本的研究资料，也可以通过去缅甸调研采访，弥补这部分的不足。二是要进行国家形象的研究，需要综合运用跨学科的理论和资料，比如政治学、经济学、外交学、信息科学等，为研究提供新的视角和理论支撑。这可以利用科研团队和学校支持完成。三是要进行传播战略研究，需要有一定的案例运作，对传播效果进行实证研究，需要耗费大量的人力物力财力。这可以与缅甸媒体（如《金凤凰》）和中方媒体（如国际台）合作，策划一些报道，制作一些宣传视频，制定传播方案，在不同的媒体渠道特别是社交媒体上进行传播。再通过数据分析和挖掘工具，对传播效果进行量化分析，完成模型建构。

三、本课题的研究思路和研究方法、计划进度、前期研究基础及资料准备情况（限2页，不能加页）

（一）研究思路

（1）国际视野和本土意识相结合。以中国在全球的软实力和话语权的提升为背景，以促进中国国家形象在缅甸的改善为目的，以缅甸媒体在发展改革中对中国国家形象的他塑和中国形象的自塑战略研究为核心问题，综合利用国际传播学、政治学、经济学、外交学、语言学、历史学、信息科学等相关理论和方法进行分析和解决。

（2）理论和实践相结合。首先通过理论研究，对国家形象理论相关问题的发展渊源、流变、影响、特征和具体表现进行多维度透视和总结；然后从他塑和自塑二个层面对中国的国家形象在缅甸的塑造进行分析总结，再结合具体案例的实践对传播效果进行分析。通过理论和实证相结合的方法，构建我国的国家形象在缅甸媒体中的自塑与他塑的战略模型，最后对该战略实施步骤、方法和具体措施提出科学性建议。

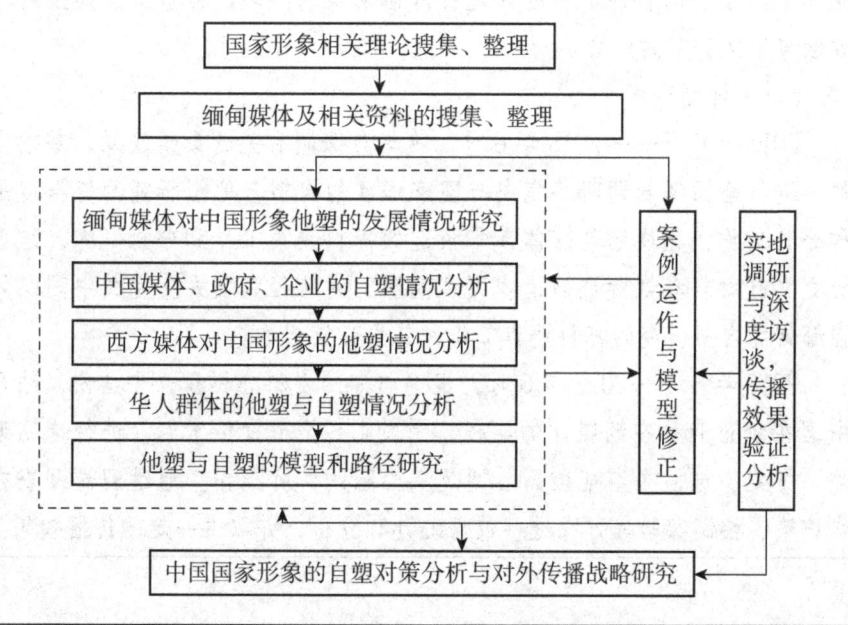

（二）研究方法

本课题将综合应用以下研究方法开展研究。

（1）规范分析与实证分析。对于国家形象等基础理论进行探索性研究，丰富国家形象理论的同时，指导国家形象的自塑实践。搜集缅甸媒体及相关媒体的报道和典型案例进行数据分析和文本分析，为传播实践进行指导。

（2）文献归纳分析法。对于国家形象理论进行文献分析，总结其知识图谱，寻找提升的动力和支撑。对缅甸历史、文化、中缅关系等方面的文献进行搜集整理，归纳其媒体发展中对华态度形成的深层次原因和影响因素，并找到应对策略。在文献归纳的基础上，分析目前研究的不足之处，形成本研究的出发点，从理论视角到研究内容等方面进行拓展，以丰富相关的理论研究与实证分析。

（3）比较研究法。对不同国家、不同类型的媒体实践进行对比分析，归纳国家形象塑造策略的共性和个性，为我国国家形象的自塑与他塑提供借鉴。

（4）案例分析法。对于论文研究的主要内容，结合中国在缅投资企业和中国在缅的自媒体等途径进行传播策略的实施，检验研究模型的有效性与论文研究的意义。

（三）计划进度

2015年6月——2016年6月，收集与课题有关的最新成果、基础资料、进行全面课题调研。完成与国家形象的自塑与他塑研究的资料搜集和分析工作，完成缅甸媒体涉华报道的资料收集工作和分析研究，结合历史文献材料和实际调研，找到"他塑"的路径和模式。完成中国媒体在缅甸的自塑研究的资料搜集工作和基本分析工作。

2016年6月—2017年6月，根据前期的资料分析和初步结论，结合中国在缅企业和在缅媒体的实践，完成1~2个宣传案例，进行选题策划，方案实施，中期把控，后期效果检验的实际工作。通过问卷调查在线访谈、控制实验等方式进行数据统计和分析，并取得一定的传播效果。

2017年7月——2018年3月，继续将理论与实践结合，不断修正国家形象的自塑与他塑模型，期间发表一些案例研究论文，召开小型研讨会，确定战略报告的基本内容，撰写课题研究成果，准备结题。

（四）前期研究基础及资料准备情况

本课题申请人和主要成员多年来一直从事国家形象、国际新闻理论、国际传播、社会网络分析、媒体产业等方面的科研与教学工作，为本课题的顺利开展积累了丰富的前期基础：

（1）前期资料准备充分，具备一手资料来源：A. 为了进行本课题的研究，课题组成员从2013年起，陆续搜集了关于国家形象理论、缅甸媒体研究、国际传播战略等方面的研究文献、专业论著和教材，并对搜集的材料进行了认真细致的阅读和思考。B. 申请人在缅甸有一些的亲戚朋友在中方企业和媒体工作，申请人去过缅甸多次，为课题搜集了大量的文献资料。C. 申请人可以利用在缅甸短期生活和亲戚朋友的关系，在缅甸开展对外传播实践，并进行调研和分析。

（2）团队学术积累丰富，有大量的前期成果。发表学术论文和出版学术论著情况：课题申请人具有10年的新闻学专业背景，获国际新闻学博士学位，主要研究领域为国际新闻、国际传播、软实力、媒介融合等，从事多年的项目开发和实践调研工作。近5年来发表论文20多篇，其中CSSCI检索论文6篇，EI检索论文1篇，英文论文2篇，还出版了一部研究媒体与软实力关系的学术专著。课题组成员近5年来发表相关研究论文10余篇，承担或参与相关课题近10项。

（3）课题可以依托学校省部级的新闻出版产业研究基地和跨媒体重点实验室，具有雄厚的科研实力和良好的科研条件，为本课题的顺利开展提供了保障。团队具有新闻传播学、文化产业、计算机科学与技术等多学科的知识基础和科研背景，使课题研究更有科学性和实用性。课题组成员完全能够保证完成课题的所有需要，具有保障项目研完成的研究基础、知识积累和人员要求。

附录二 教育部人文社会科学研究一般项目成果鉴定和结项有关规定

根据《教育部人文社会科学研究项目成果鉴定和结项办法》，现将一般项目成果鉴定和结项有关要求说明如下：

一、组织实施

1. 成果鉴定和结项工作坚持质量第一的原则，重点验收项目最终成果的质量和学术水平。坚持正确政治方向，把成果质量和创新性放在首位，注重实际价值，严把项目验收的质量关。

2. 地方高校以省（自治区、直辖市）教育厅（教委）为单位，中央部委所属高校以学校为单位，由各单位社科管理部门负责组织实施。

二、申请与受理

1. 项目研究周期一般为3年，到期不能完成者要填写《变更申请表》，办理申请延期手续。申请延期一次最多不得超过1年，一个项目申请延期最多不得超过2次。完成研究任务后，项目责任人须及时向依托学校社科管理部门提出鉴定和结项申请。

2. 提出鉴定和结项申请的条件：

（1）已经完成立项时批准的项目《申请评审书》或《投标评审书》《计划合同书》约定的研究任务，最终成果形式与原计划或批准变更形式相符；

（2）最终成果由项目责任人主持完成并作为第一署名人，不存在知识产权等方面的争议；

（3）著作类成果已经完成（不限是否出版），论文类成果已正式发表，研究咨询报告类成果有实际应用部门的采纳证明（注明采纳内容及价值）；

（4）所有正式出版或发表的项目成果均在显著位置标注"教育部人文社会科学研究××项目资助"字样（含题名、批准号），未标注者不予承认。

3．免予鉴定范围

完成《申请评审书》约定的研究任务，研究成果标注"教育部人文社会科学研究××项目资助"字样，且符合下列情形之一者，可申请免予鉴定：

（1）专著类成果已正式出版；

（2）在SSCI、A&HCI等国际索引期刊及CSSCI来源期刊发表论文2篇以上；

（3）成果获得国家级、省部级奖励或国家一级行业学会三等奖以上奖励；

（4）研究咨询报告提出的理论观点、政策建议等被地（市）级以上党政领导机关或大型企事业单位采纳并取得实际效果；

（5）成果涉及党和国家机密不宜公开，而质量和水平已得到有关部门认可。

4．鉴定和结项材料受理程序

项目依托学校负责鉴定和结项材料的审核和汇总。地方高校以省（自治区、直辖市）教育厅（教委）为单位、中央部委所属高校以学校为单位（统称申请结项单位），由各单位社科管理部门对鉴定和结项材料进行复审、组织一般项目成果鉴定，然后汇总所有鉴定和结项材料集中报送教育部社科司。

5．鉴定和结项材料审核内容：

（1）对照《申请评审书》或《投标评审书》《计划合同书》检查鉴定和结项材料，审核项目研究是否按原计划完成任务，研究成果是否符合要求；

（2）审核申请材料是否齐全；

（3）审核是否符合免予鉴定条件；

（4）会同学校财务部门，审核经费开支是否合理合法。

6．成果鉴定费用从项目经费中列支。鉴定未通过者，再次鉴定的费用由申请鉴定人承担。

（1）鉴定费用包括专家劳务费、交通费、食宿费、印制费、邮寄费等。其中专家劳务费标准：一般项目每人每项300—500元。具体数额由鉴定组织部门依据鉴定工作量确定。

（2）鉴定费用标准：通讯鉴定费每项不超过3000元。鉴定费用由各鉴定组织部门垫支，教育部社科司按年度依上述标准和实际开支从项目经费中核拨。

三、鉴定专家选取

1．鉴定专家组由鉴定组织部门从本单位建立的"人文社会科学专家库"遴选5人或7人组成。根据项目的具体研究内容，可聘请相关工作部门和实际应用部门专家参与鉴定。

鉴定专家应具备下列条件：

（1）坚持正确的政治方向，具有良好的学术品格和客观公正的职业声望；

（2）具有所属学科或相关研究领域的高级职称和较高学术水平；

（3）不是被鉴定项目课题组成员；

（4）项目依托学校鉴定专家不超过2人。

2. 鉴定专家享有下列权利：

（1）对被鉴定成果的质量和水平独立做出评价，不受任何单位、个人的影响和干涉；

（2）要求鉴定组织部门提供被鉴定成果及有关资料（包括必要的原始资料），对被鉴定成果的内容提出质疑并要求其做出解释；

（3）要求排除影响鉴定工作正常进行的干扰因素，必要时可以向鉴定组织部门提出中止鉴定工作的请求；

（4）获得鉴定工作的合理报酬。

3. 鉴定专家应承担下列义务：

（1）遵守客观公正原则，对被鉴定成果的质量和水平做出全面、科学、客观评价，并对自己所提出的评价意见负责；

（2）遵守保护知识产权原则，不抄袭被鉴定成果或将成果泄露给他人，鉴定结束时交还所有鉴定材料；

（3）遵守回避原则，鉴定期间不得以任何形式与鉴定申请者（含课题组成员）私下接触；

（4）遵守保密原则，不向任何人泄漏有关鉴定情况和鉴定意见等。

四、成果鉴定方法

1. 一般项目采取通讯鉴定方式。

2. 鉴定内容

（1）项目《申请评审书》或《投标评审书》《计划合同书》约定的研究任务完成情况；

（2）研究内容的前沿性和创新性；

（3）研究成果的学术价值、应用价值或社会影响；

（4）研究方法是否正确，学风是否严谨。

3. 鉴定等级

优秀：出色地完成了项目《申请评审书》或《投标评审书》《计划合同书》约定的研究任务；研究成果有重大创新，具有很高的学术价值、应用价值或产生重大的社会影响。专家鉴定组 4／5 定性评价为"优秀"，且平均分在 90 分以上。

合格：较好地完成了项目《申请评审书》或《投标评审书》《计划合同书》约定的研究任务；研究成果有明显创新，具有较高的学术价值、应用价值或产生良好的社会影响。专家鉴定组 4／5 定性评价在"合格"以上，且平均分在 65 分以上。

不合格：没有完成项目《申请评审书》或《投标评审书》《计划合同书》约定的研究任务；研究成果缺乏创新性，学术价值、应用价值较低或社会影响不明显。专家鉴定组 2/5 定性评价为"不合格"，或平均分在 65 分以下，具备两者之一者，被鉴定成果均视为"不合格"。

4. 鉴定程序

(1) 鉴定组织部门将被鉴定成果和有关材料寄送给鉴定专家；

(2) 鉴定专家在详细审阅基础上，提出鉴定意见并进行通讯投票，填写并提交《鉴定意见表（个人用）》，在规定日期截止前交还所有鉴定材料；

(3) 鉴定组织部门回收并汇总专家鉴定意见和投票结果，形成《鉴定意见书（汇总用）》并向申请鉴定者反馈。

五、项目结项

教育部社科司对申请结项单位集中报送的结项材料进行复审和抽查，对确认可以结项者颁发结项证明，拨付项目经费的剩余部分。报送材料如下：

1. 通过通讯鉴定的一般项目报送以下结项材料：

(1) 项目《终结报告书》原件 1 份及电子版（Word 格式）；

(2)《鉴定意见书（汇总用）》原件1份及电子版（Word格式），《鉴定意见表（个人用）》附于其后装订；

(3) 项目成果原件3套（未出版的书稿报送装订好的打印稿，正式出版后补报样书3套）。

2．符合免予鉴定条件的一般项目报送以下结项材料：

(1) 项目《终结报告书》原件1份及电子版（Word格式），有关证明材料附于其后装订；

(2) 项目成果原件3套；

(3) 项目《申请评审书》1份（复印件）。

3．所有鉴定和结项情况在教育部社科司主页（www.moe.edu.cn/s78/A13/）和中国高校人文社科网（www.sinoss.net）通知公告栏公布。项目成果转入项目成果库集中保存、展阅，鼓励成果作者将项目成果电子版上传"中国高校人文社科网"项目成果电子库公开发表。成果和成果摘要除择优选报有关部门外，还将向有关媒体推介，或结集出版。各地教育行政部门和项目依托学校负有通过报刊、网站、广播电视等媒体，积极宣传推广项目成果的责任和义务。

4．有下列情形之一者，做撤项处理：

(1) 课题组不具备按原计划完成研究任务的条件和可能；

(2) 未经批准擅自变更项目责任人或课题名称和基本内容；

(3) 研究周期内未能如期完成约定的任务，两次申请延期后仍未完成；

(4) 两次申请成果鉴定和结项均未获通过；

(5) 项目成果存在严重政治问题或严重学术不端行为；

(6) 在项目鉴定和结项过程中违反规定弄虚作假。

符合上述情形者，项目责任人和依托学校可主动提出撤项申请。凡被撤销的项目，由教育部社科司进行通报批评，责成依托学校追回已拨经费；项目责任人三年内不得申报教育部人文社会科学研究各类项目。

附录三　教育部人文社会科学研究一般项目结项材料审核要点

根据《教育部人文社会科学研究项目管理办法》《教育部人文社会科学研究项目成果鉴定和结项办法》的有关要求，教育部人文社会科学研究一般项目结项材料审核的主要内容是：对照项目《申请评审书》检查结项材料，审核项目研究是否按原计划完成任务，研究成果是否符合要求。

一、同时具备下列条件者可通过结项审核

1. 已经完成立项时批准的项目《申请评审书》约定的研究任务，最终成果形式与原计划或批准变更形式相符。

2. 最终成果由项目责任人完成或主持完成并作为第一署名人，不存在知识产权等方面的争议。

3. 著作类成果已经正式出版或已通过项目依托学校组织的成果鉴定，论文类成果已正式发表，研究咨询报告类成果有实际应用部门的采纳证明（注明采纳内容及价值）；

4. 项目成果均在显著位置标注"教育部人文社会科学研究 ×× 项目资助"字样。

5. 按照经费预算和有关财务管理制度合理合法使用项目经费。

6. 提交《终结报告书》电子文档和纸质件内容一致。

二、有下列情形之一者不予结项

1. 结项材料（至少1份原件）不齐全，或未经学校社科研究管理部门审核并加盖公章。

2. 未完成立项时批准的《申请评审书》约定的研究任务，提交结项的研究成果与《申报评审书》填写的成果形式严重不符，且未提出并经教育部批准的成果形式变更申请。

3. 未提交项目研究成果，或虽提交了研究成果但项目责任人并非第一署名人。

4. 著作类成果未正式出版，且未通过项目依托学校组织的成果鉴定；论文类成果未正式发表；研究报告类成果没有使用单位的采纳意见或采纳证明不符合要求。

5. 未经批准更换项目责任人，且未提出并经教育部批准的项目责任人变更申请。

6. 研究成果未按规定标注"教育部人文社会科学研究××项目成果"字样。

7. 项目经费开支与预算明显不符，严重违反有关财务管理规章制度。

附录四　2020年度教育部人文社会科学研究一般项目申报常见问题释疑

1. 2020年度教育部人文社会科学研究一般项目申报、评审周期安排是怎样的？

——按照部门预算要求，2020年度教育部一般项目定于2019年8月27日启动网上申报，2019年9月27日结束网上申报，9月30日截止汇总表报送；计划于10月底前完成材料审核并组织评审。

2. 一般项目面向哪些学校申报？

——除专项任务项目另有规定外，全国普通高等学校都可以申报。上述高校系统外的人员不能作为项目负责人申报，但可作为课题组成员参加项目。

3. 西部和边疆地区项目及西藏、新疆项目面向哪些省市普通高等学校？

——西部和边疆地区项目资助范围：重庆、四川、贵州、云南、陕西、甘肃、宁夏、青海、内蒙古自治区、广西壮族自治区、海南十一个省（自治区、直辖市），以及湖南省湘西土家族苗族自治州、湖北省恩施土家族苗族自治州、吉林省延边朝鲜族自治州，上述地区的普通高等学校。新疆、西藏项目专门资助新疆与西藏地区的普通高等学校。

4. 西部和边疆地区项目及新疆、西藏项目如何申报？

——西部和边疆地区项目及新疆、西藏项目不单独组织申报，申请评审书、申报时间、申报条件、评审标准、评审程序与一般项目相同，只是在评审结果中单独划线，面向西部和边疆地区、新疆西藏地区高校择优确定。西部和边疆地区、新疆、西藏地区高校教师在申报时，统一按照《教育部社科司关于2020年度教育部人文社会科学研究一般项目申报工作的通知》要求申报。

5. 一般项目有申报指南吗？

——除专项任务项目另有规定外，申请者根据自身的研究基础和学术特长，认真凝练、自行拟定研究课题。研究课题名称力求表述规范、准确、简洁。

申请者要认真学习领会习近平新时代中国特色社会主义思想和党的十九大精神，申报课题要体现鲜明的时代特征、问题导向和创新意识；基础研究要密切跟踪国内外学术研究前沿和学科建设需要，体现具有原创性、开拓性的学术创新价值；应用研究要立足党和国家事业发展需求，聚焦全局性、战略性和前瞻性的重大理论与现实问题，体现具有针对性、实效性的决策参考价值。

6. 一般项目题目拟定应该遵循什么原则？

——申请人应该在认真凝练、反复斟酌的基础上自行拟定研究课题。研究课题名称应表述严谨、准确、简洁，避免引起歧义和争议。不严谨、不规范的题目将直接影响专家的评审。

7. 一般项目是否实行限额申报？

——除专项任务项目另有规定外，一般项目不实行限额申报，但各申报单位应严格把关，提高申报质量。未经申报单位审核并统一报送的申报材料，一律不予受理。

8. 连续申报一般项目是否有限制？

——连续2年申请一般项目（含专项任务项目）未获资助的申请人，暂停1年一般项目申请资格，本次指2018、2019年度连续两次申请项目未获资助者，暂停2020年度项目申请资格。

9. 2019年度国家社科基金项目和2019年度国家自然科学基金项目的申请人能否作为负责人申报2020年度教育部一般项目？

——申请2019年度国家社科基金各类项目、国家自科基金各类项目未获立项的负责人此次可以申请 2020 年度教育部一般项目（含专项任务项目）。

需要提醒的是，按照部门预算要求，2021 年度教育部人文社科研究一般项目申报工作将于 2020 年启动。经商全国社科工作办，申报 2020 年度国家社科基金年度项目（包括重点项目、一般项目、青年项目）、西部项目和单列学科项目的负责人届时不能申请 2021 年度教育部一般项目（含专项任务项目）。申请 2021 年度教育部一般项目（含专项任务项目）届时不能申请 2020 年度国家社科基金年度项目（包括重点项目、一般项目、青年项目）、西部项目和单列学科项目。同一申请者以不同题目、不同内容也不能同时两边申报。

10．正在办理教育部一般项目结项的项目负责人能否申报 2020 年度教育部一般项目？

——2019 年 9 月 13 日前，在研的教育部一般项目报送结项材料（以邮戳时间为准），符合结项条件的可申报 2020 年度教育部一般项目。

11．项目申请者是否可以同时作为课题组成员参加项目申报？

——每个申请者限报 1 个项目，可以作为课题组成员参加其他项目的申报。所列课题组成员必须征得成员本人同意，否则视为违规申报。需要注意的是，不得将内容相同或相近的项目，以不同申请人的名义提出申请。

12．副教授／副研究员及其他系列副高级职称可以申报规划基金项目吗？

——可以。高级职称包括正高级职称和副高级职称。

13．是否需要同时具有中级职称和博士学位才可以申报青年基金项目？

——不需要。中级职称（讲师／助理研究员）凡年龄不超过 40 周岁（1979 年 7 月 1 日以后出生），无论是否具有博士学位，均可申报青年基金项目。

14．对课题组成员的年龄、职称、职务、国籍等有限制吗？

——没有限制。证件号一栏请填写身份证号、台胞证号、港澳通行证号、护照号等有效证件号码。

15. 博士后能否申报一般项目？

——所在博士后流动站高校出具同意申报并承诺进行管理的证明，可以申报。出站后工作单位为高校者，经双方学校同意可变更项目管理单位。出站后工作单位为非高校的则项目不能转出，由原申报单位承担项目管理与监督责任。

16. 在内地普通高校工作的外籍教师和港澳台教师是否可以申报？

——可以。由学校人事部门出具该教师在编在岗的人事证明，发传真至 010-58803011，经审核同意后，索要专门的申请评审书电子文档。

17. 项目申报的学科门类包括哪些？

——本次项目申报学科门类以 2009 年国标《学科分类与代码》为基础，结合高校实际情况，共分为 25 个学科门类。

其中需要注意："马克思主义／思想政治教育"包括国标中的"马克思主义"以及思想政治教育研究方向；"逻辑学"是国标中的"哲学"二级学科；"中国文学""外国文学"分别是国标中"文学"的两部分；"心理学"不包括国标中的"医学心理学"二级学科；"体育学"不包括国标中的"运动生物力学""运动生理学""运动心理学""体育保健学""运动生物化学""运动训练学""武术理论与方法"二级学科；"国际问题研究""港澳台问题研究""交叉学科／综合研究"为国标之外为促进相关领域研究发展而专门设立的申报门类。

18. 交叉学科／综合研究如何填报学科范围？

——要按照"靠近优先"的原则，根据选题方向和研究重点，填报最为相关或最为接近的人文社会科学类二级、三级学科。以自然科学为主的项目将不予受理。

19. 《申请评审书》中研究类别分为基础研究、应用研究和实验与发展三类，如何理解实验与发展？是否等同于综合研究或其他研究？

——在社会科学领域，实验发展是指把通过基础研究、应用研究获得的知识转变成可以实施的计划（包括为进行检验和评估实施示范项目）的过程。人文科学领域除了个别学科的特定领域如艺术学的乐器方向等外，一般来说没有对应的实验发展活动。综上，在研究类别的选择上应结合项目主攻方向进行确定，原则上多为基础研究和应用研究。

20．《申请评审书》A 表：申请者承担省级以上社科研究项目情况以及完成情况，是否包括作为项目参与者参加的研究项目？

——不包括，应填写申请者作为负责人主持承担省级以上社科研究项目情况以及完成情况。

21．《申请评审书》B 表"资料准备情况"应如何表述？

——可以采用两种方式按相关要求进行规范表述。一用描述性的语言进行概括式表述；二用清单的方式进行罗列式表述。

22．《申请评审书》B 表有关论证中能否出现申请者已发表文章的期刊名称、文章题目及承担课题的名称？

——为保证评审专家能够充分了解申请课题的研究基础，同时保证评审的公正，《申请评审书》B 表可以出现申请者已发表文章的期刊名称、文章题目及作为负责人主持承担的课题名称，但不得出现本人所在单位、姓名等个人身份信息。

23．一般项目资助经费多少？

——除专项任务项目另有规定外，根据 2020 年度《申报通知》规定，规划基金项目资助经费原则上不超过 10 万元，青年基金项目资助经费原则上不超过 8 万元。

24．经费预算填报有何要求？

——项目经费执行《高等学校哲学社会科学繁荣计划专项资金管理办法》（简称《专项资金管理办法》），实行严格规范的预决算管理，项目申请者应在资助限额内，根据实际需求准确测算总经费预算，列明预算细目，同时还要列出分年度经费预算。研究项目资金分为直接费用和间接费用，间接费用由项目依托学校按照《专项资金管理办法》的有关规定核定，统筹管理使用。项目负责人应根据项目研究需要，科学合理、实事求是地编制直接费用预算。直接费用计算公式为：直接费用＝资助总额－资助总额×间接费用相应核定比例。

项目资金需要转拨协作单位的，应在预算中单独列示，并对外协单位资质、承担的研究任务、外拨资金额度等进行说明。间接费用外拨金额由项目依托学校和合作研究单位协商确定，但学校间接费用和外拨间接费用之和不得超过该项目核定的间接费用总额。

项目批准立项后，将按照审核通过的分年度预算进行拨款。项目负责人要严格执行批准后的项目预算，后期确需调剂的，应当按照《专项资金管理办法》有关规定履行单位内部调整审批程序，并通过教育部人文社会科学研究管理平台项目中后期管理系统报教育部备案。

25．申报自筹经费项目需要注意什么问题？

——必须在《申请评审书》后附上学校财务处提供的委托研究单位经费到账凭证或银行回单等证明材料（文字说明类证明材料无效），同时填写《申请评审书》中的"其他来源经费"栏。校内资助的项目不能申报自筹经费项目。申报自筹经费项目的到账科研经费不得低于 8 万元。

26．一般项目研究周期是多长时间？

——项目自批准之日起，研究周期一般为 3 年，特殊情况可申请延期 1～2 年。

27．项目申报通知有关内容与项目管理办法不一致时以哪个为准？

——基于现阶段发展状况，结合当前形势需要，为更好推动高校哲学社会科学繁荣发展，项目申报通知对项目管理办法的部分要求进行了适度调整。因此，在项目申报过程中应以项目申报通知规定为准。项目申报通知未涉及内容，执行项目管理办法。

28．教育部在审核各高校申请的项目时重点审核哪些内容？

——重点审核以下内容：（1）申请者所在学校是否是规定申报范围内的全国普通高等学校；（2）填报的项目类别、学科门类、研究方向及申书其他内容是否齐全、正确、真实；(3)申请者本人是否符合申报条件，包括申报规划基金项目的专业技术职务是否符合规定，申报青年基金项目的年龄是否超龄，申报自筹经费项目的是否有到款证明，申请者是否有在研的国家社科、自然科学基金项目及教育部人文社科项目等；(4)申请者是否同时申报2个及以上项目；(5)《申请评审书》B表是否出现申请者学校、姓名等有关信息。

审核完成后将在网上公示申报情况，对于不符合申报条件和要求的将一律予以撤销。

29. 项目批准立项后是否可以变更项目管理单位或调整课题组成员？

——可以。变更后的项目管理单位必须是普通高校，变更申请必须由新旧单位科研主管部门同意，经批准同意后将项目转入新工作单位。

30. 重要事项变更申请如何办理？

——项目延期、变更管理单位、调整课题组成员以及其他重要事项变更，均通过"教育部人文社会科学研究管理平台系统"在线分类管理，不再接受纸质变更申请。变更审批工作按以下规定执行：第一类，变更项目负责人或项目责任单位、改变项目名称、研究内容有重大调整、改变最终研究成果形式、涉及国家秘密或重要政治敏感问题的阶段性成果出版发表等事项，由教育部审批，审批结果以系统显示为准；

第二类，在研究方向不变、不降低预期目标的前提下，调整研究思路或研究计划、变更重大项目子课题负责人，以及因身体原因或不可抗拒因素自行申请终止或撤销项目，均由责任单位审批同意后在系统中提交教育部备案；第三类，调整各类项目的课题组成员，不超过项目研究最长期限(5年)的延期申请，由责任单位直接审批。

31. 一般项目申请、中检、重要事项变更、鉴定、结项的受理单位及联系方式？

——受理单位：北京师范大学社科管理咨询服务中心

地址：北京市海淀区新街口外大街19号北京师范大学科技楼C区

1001室，邮编100875。

联系人及电话：

一般项目申报受理：范明宇，联系电话：010-58805145

一般项目中检、鉴定、结项：刘杰：010-58802730

传真：010-58803011

电子信箱：moesk@bnu.edu.cn

32. 各类专项任务项目通知什么时候下发？

——按照部门预算要求，2020年度中国特色社会主义理论体系研究专项、高校辅导员研究专项（原高校思想政治工作专项）与一般项目同步发通知。

为贯彻落实习近平总书记在学校思想政治理论课教师座谈会上的重要讲话精神，贯彻落实中共中央办公厅、国务院办公厅印发的《关于深化新时代学校思想政治理论课改革创新的若干意见》精神，加强对高校思想政治理论课研究的

支持，高校思想政治理论课教师研究专项将另作安排，申报通知另行下发，请关注教育部社科司主页（www.moe.gov.cn/s78/A13/）通知公告栏。

本年度不设立工程科技人才培养研究专项和教育廉政理论研究专项。

附录五 2020年度教育部哲学社会科学研究重大课题攻关项目申报常见问题答疑

1. 哪些人员可以作为首席专家参加攻关项目的投标？

——重大攻关项目首席专家（投标者）必须是法人（高等学校）担保的高等学校具有正高级专业技术职称的有关人员，能够担负起课题研究实际组织和指导责任。

2. 课题组成员可以是非高校系统人员吗？

——可以。课题组成员既可是高校教师，也可是非高校系统的人员。重大课题攻关项目鼓励协同攻关。

3. 首席专家可以是两个人或更多人吗？

——不可以，首席专家只能是一人。校内多家单位或者是多校联合投标，也只能由其中一人作为首席专家来进行投标。

4. 首席专家可以作为子课题负责人或课题组成员参与本次投标的其他课题吗？

——不可以。

5. 哪些情况不能参与攻关项目的投标？

——有以下情况之一者不得投标：

（1）承担国家社科基金重大招标项目及其他国家级科研重大项目尚未完成者；

（2）承担历年教育部人文社会科学重点研究基地重大项目、教育部哲学社会科学研究后期资助重大项目尚未完成者；

（3）正在承担教育部哲学社会科学研究重大课题攻关项目的首席专家在2019年9月10日前，未提出最终成果鉴定申请者。

6. 申请2019年国家社科基金重大项目的首席专家能投标2020年度教育部哲学社会科学研究重大课题攻关项目吗？

——不可以。申请2019年度国家社会科学基金重大项目及其他国家级科研重大项目的首席专家不能投标2020年度教育部哲学社会科学研究重大课题攻关项目。

7. 招标课题名称可以进行改动吗？

——不可以。按照《教育部社科司关于2020年度教育部哲学社会科学研究重大课题攻关项目招标工作的通知》的投标要求，投标者不得自行改动投标课题名称，也不能增加副标题。

8. 今年经费预算填报要求有何新变化？

——项目经费执行《高等学校哲学社会科学繁荣计划专项资金管理办法》（简称《专项资金管理办法》），实行严格规范的预决算管理，项目申请者应在资助限额内，根据实际需求准确测算总经费预算，列明预算细目，同时还要列出分年度经费预算。研究项目资金分为直接费用和间接费用，间接费用由项目依托学校按照《专项资金管理办法》的有关规定核定，统筹管理使用。项目负责人应根据项目研究需要，科学合理、实事求是地编制直接费用预算。直接费用计算公式为：直接费用＝资助总额－资助总额×间接费用相应核定比例。

项目资金需要转拨协作单位的，应在预算中单独列示，并对外协单位资质、承担的研究任务、外拨资金额度等进行说明。间接费用外拨金额由项目依托学校和合作研究单位协商确定，但学校间接费用和外拨间接费用之和不得超过该项目核定的间接费用总额。

项目负责人要严格执行批准后的项目预算，后期确需调剂的，应当按照《专项资金管理办法》有关规定履行单位内部调整审批程序，并通过教育部人文社会科学研究管理平台项目中后期管理系统报教育部备案。

9. 今年申报方式及材料报送要求有何新变化？

——本次项目申报工作全部通过网络平台在线进行。请各高校科研管理部门登录"申报系统"在线填报投标项目基本信息,并以 PDF 版本上传(文件大小建议不超 20M)。

《投标评审书》,不需提交纸质申报材料。所在高校审核确认本校投标项目的基本信息后,在线打印《投标情况一览表》并加盖公章,寄送 1 份至高校社科评价中心。待立项公布后,已立项项目按要求寄送 1 份带有负责人签名、学校科研管理部门盖章的纸质申报材料至高校社科评价中心。

10. 攻关项目网上申报如何操作?

——2019 年 8 月 20 日开始,由各学校科研管理部门登录社科网申报系统,在线填报投标项目基本信息并上传《投标评审书》。

已开通申报系统账号的高校科研管理部门,以原有账号、密码登录系统,并及时核对单位信息;未开通账号的高校科研管理部门,请登录申报系统,登记单位信息、设定登录密码,打印"开通账号申请表"并加盖管理部门公章,传真至 010-62519525。待审核通过后,即可登录申报系统进行操作。

2019 年 9 月 10 日 24 点截止网络申报,高校科研管理部门须在此之前对本校所投标项目的基本信息进行在线审核确认,在线生成《教育部哲学社会科学研究重大课题攻关项目 2020 年度投标情况一览表》。

12. 今年项目评审程序怎样?

——为进一步实现评审程序的简洁高效,2020 年度重大攻关项目实行网上通讯评审。

附录六　高等学校哲学社会科学繁荣计划专项资金管理办法

第一章　总　则

第一条　为促进高校哲学社会科学事业持续健康协调发展，加强和规范高等学校哲学社会科学繁荣计划专项资金（以下简称繁荣计划专项资金）管理，提高资金使用效益，根据党中央、国务院关于深入推进高等学校哲学社会科学繁荣发展的有关精神、《中共中央办公厅　国务院办公厅关于进一步完善中央财政科研项目资金管理等政策的若干意见》以及国家财政财务管理有关法律法规，制定本办法。

第二条　繁荣计划专项资金由中央财政安排，是用于支持"高等学校哲学社会科学繁荣计划"（以下简称繁荣计划）社会科学研究、学科发展、人才培养和队伍建设的专项资金。

第三条　繁荣计划专项资金以促进出成果、出人才为目标，坚持以人为本、遵循规律、"放管服"结合，坚持统筹规划、分类实施、专款专用、规范高效的管理原则。繁荣计划专项资金管理充分体现质量创新和实际贡献，赋予依托学校和项目负责人更大的管理权限。在简政放权的同时，注重规范管理、改进服务，为科研人员潜心研究创造良好条件和宽松环境，充分调动科研人员积极性创造性。

第四条　财政部、教育部负责制定繁荣计划专项资金管理制度，研究制定预算安排的总体方案。教育部负责编制繁荣计划专项资金年度预算、组织实施和管理监督工作，建立健全项目绩效考评机制。

第五条　项目依托学校是繁荣计划项目实施和资金管理使用的责任主

体，应当制定和完善本单位项目和资金管理办法，按要求具体负责项目组织、实施、评价等全过程管理；将项目资金纳入学校预算，指导和审核项目预算编制，承担项目资金的财务管理和会计核算，监督项目资金使用，审核项目决算。

项目依托学校的财务和科研管理等相关部门，要根据学科特点和实际需要，加强对项目预算执行和资金使用的指导；注重科学管理、改进服务，为项目实施提供条件保障。

第六条 项目负责人是项目管理和资金使用的直接责任人，应当按照本办法规定，科学编制项目预算和决算，合理合规使用资金。

项目负责人应当严格遵守国家预算和财务管理规定，对资金使用和项目实施的合规性、合理性、真实性和相关性负责，并承担相应的经济与法律责任。

第二章 支出范围

第七条 繁荣计划专项资金分为研究项目资金、非研究项目资金和管理资金。

第八条 本办法第七条所称研究项目是指围绕繁荣计划建设任务设立的各类高校哲学社会科学研究项目的总称。研究项目资金包括在项目研究过程中发生的直接费用和间接费用。

第九条 直接费用包括图书资料费、数据采集费、会议费／差旅费／国际合作与交流费、设备费、专家咨询费、劳务费、印刷费／宣传费等。其中：

图书资料费：指在项目研究过程中购买必要的图书（包括外文图书）、专业软件，资料收集、整理、录入、复印、翻拍、翻译，文献检索等费用。

数据采集费：指在项目研究过程中开展问卷调查、田野调查、数据购买、数据分析及相应技术服务购买等费用。

会议费／差旅费／国际合作与交流费：指围绕项目研究组织开展学术研讨、咨询交流、考察调研等活动而发生的会议、交通、食宿费用，以及项目研究人员出国及赴港澳台地区、外国专家来华及港澳台地区专家来内地开展学术合作与交流的费用。其中，不超过直接费用20%的，不需要提供预算测算依据。

设备费：指在项目研究过程中购置设备和设备耗材、升级维护现有设备以及租用外单位设备而发生的费用。应当严格控制设备购置，鼓励共享、租赁以及对现有设备进行升级改造。

专家咨询费：指在项目研究过程中支付给临时聘请的咨询专家的费用。专家咨询费由项目负责人按照项目研究实际需要编制，支出标准按照国家有关规定执行。

劳务费：指在项目研究过程中支付给参与项目研究的研究生、博士后、访问学者和项目聘用的研究人员、科研辅助人员等的劳务费用。项目聘用人员的劳务费开支标准，参照当地科学研究和技术服务业人员平均工资水平以及在项目研究中承担的工作任务确定，其社会保险补助费用纳入劳务费列支。劳务费预算由项目负责人按照项目研究实际需要编制。

印刷费／宣传费：指在项目研究过程中支付的打印、印刷和出版、成果推介等费用。

其他：指与项目研究直接相关的除上述费用之外的其他支出。其他支出应当在项目预算中单独列示，单独核定。

第十条 间接费用是指项目依托学校在组织实施项目过程中发生的无法在直接费用中列支的相关费用，主要包括补偿学校为项目研究提供的现有仪器设备及房屋、水、电、气、暖消耗等间接成本，有关管理工作费用，以及激励科研人员的绩效支出等。

间接费用一般按照不超过项目支出总额的一定比例核定。具体比例如下：50万元及以下部分为30%；超过50万元至500万元的部分为20%；超过500万元的部分为13%。严禁超额提取、变相提取和重复提取。

间接费用应当纳入项目依托学校预算统筹安排，合规合理使用。项目依托学校统筹安排间接费用时，应当处理好合理分摊间接成本和对科研人员激励的关系，绩效支出安排应当结合项目研究进度和完成质量，与科研人员在项目工作中的实际贡献挂钩。

第十一条　非研究项目资金指支撑高校哲学社会科学科研机构、团队以及智库运行、优秀成果奖励等繁荣计划建设项目的资金。

非研究项目资金按照"绩效导向、稳定支持、协议管理、动态调整"的原则进行资助和管理，可以通过第三方评估将相关优秀的研究机构（或者智库、团队）纳入资助范围。

在财政部、教育部核定的资金总额内，依托高校和相关研究机构（或者智库、团队）根据绩效目标，围绕实现培养拔尖人才、服务国家重大战略、推出学术精品力作、扩大对外学术交流等任务，按规定自主编制资金预算，自主决定使用方向。同时，应当完善资金管理办法，提高资金使用效益，注重发挥绩效激励作用，尊重科研工作者的创造性劳动，体现知识创造价值。

教育部与依托学校、受资助研究机构（或者智库、团队）约定建设周期内的目标任务，委托第三方进行评价考核，根据实际绩效实行有差别的稳定支持，并采取优胜劣汰、动态调整的管理方式。

财政部、教育部按规定对获得教育部科学研究优秀成果奖（人文社会科学）的成果进行奖励，对被采用和向有关部门报送的有价值、高水平的咨政成果实行后期资助和事后奖励。学校不得对奖励资金提取间接费用。

第十二条　管理资金是指教育部在实施繁荣计划过程中组织、协调、评审、鉴定等管理性工作所需费用。

在繁荣计划实施过程中，应按照"管、办、评"分离原则，推进政府购买服务，规范向社会力量购买服务的程序和方式，切实转变政府职能。

第十三条　繁荣计划专项资金项目中的相关开支标准，按照国家以及项目依托学校的有关规定执行。

第十四条　繁荣计划专项资金应当专款专用，不得用于偿还贷款、支付罚款、捐赠、赞助、对外投资等支出，不得用于本单位编制内人员的工资支出，不得用于繁荣计划建设项目之外的支出，不得用于其他不符合国家规定的支出。

项目负责人应当按照批准的项目预算，在依托学校财务、科研管理部门的指导下使用项目资金；依托学校和个人不得以任何理由和方式截留、挤占和挪用。繁荣计划专项资金项目中涉及仪器设备采购的，按国家关于政府采购的有关规定执行。

第三章　预算管理

第十五条　项目申请人在申报繁荣计划项目资金时，应当根据项目类别和要求，按照项目实际需要和资金开支范围规定，科学合理、实事求是地按年度编制项目预算、设定项目绩效目标，并对直接费用支出的主要用途和测算理由等作出说明。

项目资金需要转拨协作单位的，应在预算中单独列示，并对外协单位资质、承担的研究任务、外拨资金额度等进行详细说明。项目负责人应对合作（外协）业务的真实性、相关性负责。间接费用外拨金额，由项目依托学校和合作研究单位协商确定。

第十六条　教育部根据繁荣计划建设目标和建设内容，重点对项目预算的目标相关性、政策相符性、经济合理性进行评审。应建立评审专家库，建立和完善评审专家的遴选、回避、信用和问责制度。

第十七条　教育部根据部门预算编制要求，在部门预算"一上"时，将繁荣计划专项资金三年支出规划和年度预算建议数报送财政部，财政部按部门预算程序审核后批复年度预算。

第十八条　教育部根据繁荣计划项目类别和完成期限向项目依托学校下达项目预算。其中，研究项目预算一次核定、按年度分期分批下达。未通过年度或中期检查的，停止下达下一年度后续项目预算；非研究项目资金采取一次核定、按年度一次性下达。

繁荣计划专项资金支付按照国库集中支付制度有关规定执行。

第十九条　项目依托学校应当将资金纳入学校财务部门统一管理。

学校应当严格按照国家有关规定和本办法规定，制定内部管理办法，明确审批程序、管理要求和报销规定，落实项目预算调剂、间接费用统筹使用、劳务费分配管理、结转结余资金使用等管理权限，建立健全内控制度，加强对项目资金的监督和管理。

学校应当指导项目负责人科学合理编制预算，规范预算调剂程序，完善项目资金支出、报销审核监督制度，加强对专家咨询费、劳务费、外拨资金、间接费用、结转结余资金等的审核和管理。

学校应当强化对合作项目真实性、可行性和合规性的审核，严格防止虚假资源匹配和虚假合作，坚决杜绝假借合作名义骗取资金。

学校应当建立健全科研财务助理制度，为科研人员在项目预算编制和调剂、资金支出、项目资金决算和验收等方面提供专业化服务。充分利用信息化手段，建立健全单位内部科研、财务、项目负责人共享的信息平台，提高科研管理效率和便利化程度。

第二十条　项目预算一经批复，必须严格执行。确需调剂的，应当按规定报批。

由于研究内容或者研究计划作出重大调整等原因，确需增加或减少预算总额的，由依托学校审核同意后报教育部审批。

在项目预算总额不变的情况下，支出科目和金额确需调剂的，由项目负责人根据实际需要提出调剂申请，报依托学校审批。会议费／差旅费／国际合作与交流费、劳务费、专家咨询费预算一般不予调增，可以调减用于项目其他方面支出。如有特殊情况确需调增的，由项目负责人提出申请，经学校审核同意后，报教育部审批。间接费用原则上不得调剂。原项目预算未列示外拨资金，需要增列的，或者已列示的外拨资金确需调整的，由项目负责人提出申请，报依托学校审批。

第二十一条　项目依托学校应当严格执行国家有关资金支出管理制度。对应当实行"公务卡"结算的支出，按照公务卡结算的有关规定执行。专家咨询费、劳务费等支出，原则上应当通过银行转账方式结算，从严控制现金支出事项。

对于野外考察、数据采集等科研活动中无法取得发票或财政性票据的支出，在确保真实性的前提下，依托学校可按实际发生额予以报销。

第四章　决算管理

第二十二条　项目负责人应当按照规定编制项目资金年度决算。项目依托学校应将繁荣计划专项资金收支情况纳入单位年度决算统一编报。

第二十三条　项目完成后，项目负责人应当会同学校财务部门清理账目，据实编报项目决算，并附财务部门审核确认的项目资金收支明细账，与项目结项材料一并报送教育部。项目负责人和依托学校不得随意调账变动支出、随意修改记账凭证。

第二十四条　对于研究项目资金，项目在研期间，年度结转资金可以在下一年度继续使用。项目完成目标任务并通过验收后，结余资金可以用于项目最终成果出版及后续研究的直接支出，或由项目依托学校统筹安排用于科研活动的直接支出。若项目审核验收2年后结余资金仍有剩余的，应当按原渠道退回教育部。对于非研究项目资金和管理资金，按照财政部关于结转结余资金管理有关规定执行。

第二十五条　项目因故终止或被撤销，依托学校应当及时清理账目与资产，编制财务决算及资产清单，审核汇总后报送教育部。已拨资金或其剩余部分按原渠道退回教育部。

第二十六条　凡使用繁荣计划专项资金形成的固定资产、无形资产等均属国有资产，应当按照国有资产管理的有关规定执行。

第五章 监督检查与绩效管理

第二十七条 项目依托学校应当自觉接受审计、纪检监察等有关部门对繁荣计划建设项目预算执行、资金使用效益和财务管理等情况的监督检查。对于截留、挤占、挪用繁荣计划专项资金的行为,以及因管理不善导致资金浪费、资产毁损的,视情节轻重,分别采取通报批评、停止拨款、撤销项目、追回已拨资金、取消项目承担者一定期限内项目申报资格等处理措施,涉嫌违法的移交司法机关处理。

第二十八条 项目依托学校应当制定内部管理办法,明确审批程序和管理要求,落实项目预算调剂、间接费用统筹使用、劳务费分配管理、结转结余资金使用等自主权。

项目依托学校应当完善内部风险防控机制,加强预算审核把关,规范财务支出行为,强化资金使用绩效评价,保障资金使用安全规范有效。

项目依托学校应当实行内部公开制度,主动公开项目预算、预算调剂、决算、外拨资金、劳务费发放、间接费用、结余资金使用和研究成果等情况。

项目依托学校和项目负责人应当严格遵守国家财经纪律,依法依规使用项目资金,不得擅自调整外拨资金,不得利用虚假票据套取资金,不得通过编造虚假合同、虚构人员名单等方式虚报冒领劳务费和专家咨询费,不得随意调账变动支出、随意修改记账凭证、以表代账应付财务审计和检查。

第二十九条 加强繁荣计划专项资金项目绩效管理,建立健全全过程预算绩效管理机制。教育部在开展项目预算评审时,应对项目申请人设定的绩效目标进行审核,并将审核结果作为核定项目预算的重要参考因素。实施绩效目标执行监控,及时纠正绩效目标执行中的偏差,确保绩效目标如期实现。开展绩效评价,将评价结果作为今后资助的重要依据,建立项目资金使用和管理的信用机制、信息公开机制和责任追究机制,提高项目资金使用效益。

第三十条　违反本办法规定的，依照《中华人民共和国预算法》《财政违法行为处罚处分条例》等国家有关法律制度规定处理。

第六章　附　则

第三十一条　本办法由财政部、教育部负责解释。

第三十二条　本办法自 2016 年 12 月 1 日起施行。

附录七 一图看懂《高等学校哲学社会科学繁荣计划专项资金管理办法》

1. 专项资金是什么？

由中央财政安排，是用于支持"高等学校哲学社会科学繁荣计划"社会科学研究、学科发展、人才培养和队伍建设的专项资金

---

❶ 资料来源：中国高校人文社会科学信息网https://www.sinoss.net/2016/1124/74840.html

2.《办法》出台的背景有哪些?

适应新形势下加快构建中国特色哲学社会科学的需要

落实中央财政科研项目资金管理决策部署的需要

进一步促进高校哲学社会科学繁荣发展的需要

3.《办法》制定的思路和原则是?

- 紧密围绕党和国家中心工作,服务国家重大需求
- 以育人育才为中心,着力促进科教融合
- 统筹资源配置,提高资金使用效益
- 尊重劳动、知识、人才、创造,体现劳动价值
- "放管服"结合,落实和扩大自主权,优化管理方式

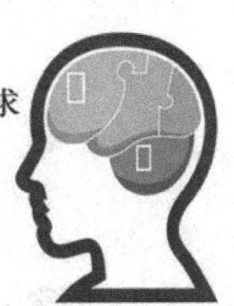

4.《办法》呈现出的亮点有哪些?

实行资金分类管理
建立间接成本补偿机制和绩效奖励制度
明确专家咨询费、劳务费开支范围和标准
下放预算编制和调剂权限
结转结余资金继续留用
强化项目资金保障服务

5. 专项资金管理的责任主体和责任人是谁?

01 繁荣计划项目实施和资金管理使用的责任主体 —— 项目依托学校

02 项目管理和资金使用的直接责任人 —— 项目负责人

6. 支出范围包括哪些？

- ✓ 研究项目资金
- ✓ 非研究项目资金
- ✓ 管理资金

研究项目资金包括在项目研究过程中发生的直接费用和间接费用

7. 直接费用包括哪些？

图书资料费
数据采集费
设备费
专家咨询费
劳务费
印刷费/宣传费
会议费/差旅费/国际合作与交流费

8. 会议差旅费用怎么使用？

 <20%

会议费/差旅费/国际合作与交流费作为一个科目统筹使用

 >20%

三项费用合计
不超过直接费用20%
不需要提供预算测算依据

三项费用合计
超过直接费用20%
需要作出具体说明

9. 专家咨询费方面新规定？

由项目负责人
按照项目研究实际需要编制

支出标准
按照国家有关规定执行

10. 劳务费可支付给哪些人？

11. 支付项目聘用人员劳务费的标准和权限？

开支标准：

1. 参照当地科学研究和技术服务业人员平均工资水平
2. 根据聘用人员在项目研究中承担的工作任务
3. 社会保险补助费用纳入劳务费列支

劳务费预算由项目负责人按照项目研究实际需要编制

12. 新增加的间接费用是什么？

- 补偿学校为项目研究提供的现有仪器设备及房屋、水、电、气、暖消耗等间接成本
- 补偿学校有关管理工作费用
- 激励科研人员的绩效支出

13. 间接费用的支付数额？

1. 按照不超过项目支出总额的一定比例核定
   - 50万元及以下的部分为30%
   - 超过50万元至500万元的部分为20%
   - 超过500万元的部分为13%

2. 严禁超额提取 变相提取 重复提取

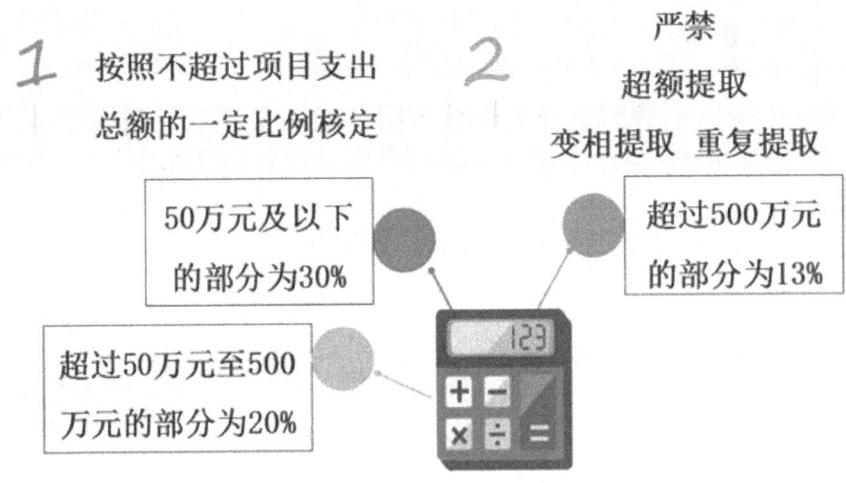

14. 非项目研究资金指的是什么？

支撑
高校哲学社会科学
科研机构、团队以及
智库运行、优秀成果奖励
等繁荣计划建设项目的资金

15. 非研究项目资金管理有什么特点？

在财政部、教育部
核定的资金总额内
自主编制预算
自主决定使用方向

委托第三方进行评价考核，根据实际绩效实行有差别的稳定支持，并采取优胜劣汰、动态调整的管理方式

16. 非研究项目中的研究项目怎么管理？

按照研究项目进行管理
——以教育部人文社会科学重点研究基地为例——
批准立项的基地重大项目按照研究项目经费管理

用于学术会议、学术交流、资料建设、学术期刊、网络和数据库建设以及日常办公开支等其他费用按照非研究项目经费管理

间接费用只允许在研究项目经费中提取

17. 优秀成果奖励资金有什么新内容？

传统项目
对获得教育部科学研究优秀成果奖（人文社会科学）的成果进行奖励

新增项目
对被采用和向有关部门报送的有价值、高水平的咨政成果实行后期资助和事后奖励

学校不得对奖励资金提取间接费用

18. 项目协作单位使用资金应该注意哪些事项？

在预算中单独列示
详细说明
外协单位资质
承担研究任务
外拨资金额度

间接费用外拨金额
由
项目依托学校
合作研究单位
协商确定

19. 教育部如何下达项目预算资金？

研究项目预算
一次核定、按年度分期分批下达
未通过年度或中期检查
停止下达下一年度后续项目预算

非研究项目预算
一次核定、按年度一次性下达

20. 项目依托学校如何规范管理资金？

制定内部管理办法，明确审批程序、管理要求和报销规定，落实项目预算调剂、间接费用统筹使用、劳务费分配管理、结转结余资金使用等管理权限，建立健全内控制度，加强对项目资金的监督和管理

建立健全科研财务助理制度，为科研人员提供专业化服务

21. 预算批复后还需调整怎么办？

1. 确需增加或减少预算总额的，由依托学校审核同意后报教育部审批

2. 在项目预算总额不变的情况下，支出科目和金额确需调剂的，由项目负责人根据实际需要提出调剂申请，报依托学校审批

3. 直接费用中的会议费/差旅费/国际合作与交流费、劳务费、专家咨询费预算一般不予调增，可以调减用于项目其它方面支出。如有特殊情况确需调增的，由项目负责人提出申请，经学校审核同意后，报教育部审批

4. 间接费用原则上不得调剂

22. 项目资金实际支付时要注意什么？

应当实行"公务卡"结算的支出

按照公务卡结算的有关规定执行

专家咨询费、劳务费等支出

原则上通过银行转账方式结算

无法取得发票或财政性票据的支出

依托学校可按实际发生额予以报销

23. 项目资金决算具体怎么操作？

项目完成后，项目负责人应当会同学校财务部门清理账目，据实编报项目决算并附财务部门审核确认的项目资金收支明细账与项目结项材料一并报送教育部

24. 结转结余资金还能继续使用吗?

对于研究项目资金
项目在研期间
年度结转资金可以
在下一年度继续使用

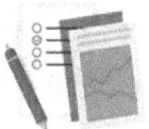

项目完成目标任务并
通过验收后
结余资金可用于项目
最终成果出版及后续
研究的直接支出,或
由项目依托学校统筹
安排用于科研活动的
直接支出

项目审核验收2年后结余资金仍有剩余
按原渠道退回教育部

25. 非研究项目资金和管理资金结转结余资金如何处理?

对于非研究项目资金和管理资金,
按照财政部关于结转结余资金管
理有关规定执行

26. 项目因故终止或被撤销后资金如何处理？

已拨资金或其剩余部分按原渠道退回教育部

27. 项目依托学校应当如何进一步加强监管？

- 制定内部管理办法
- 完善内部风险防控机制
- 实行内部公开制度
- 严格遵守国家财经纪律

28. 资金使用效益考评方面有什么新举措？

1. 教育部在开展项目预算评审时，应对项目申请人设定的绩效目标进行审核，并将审核结果作为核定项目预算的重要参考因素

2. 实施绩效目标执行监控，及时纠正绩效目标执行中的偏差，确保绩效目标如期实现

3. 开展绩效评价，将结果作为今后资助的重要依据，建立项目资金使用和管理的信用机制、信息公开机制和责任追究机制，提高项目资金使用效益

后 记

教育部人文社科基金项目全攻略这本书是我写得最快的一本书，但也是写得最纠结的一本书。

因为我一直担心，我的这些有限的经验是否会误导大家。因为仁者见仁智者见智，我见过很多的成功的申请书，也找过很多大咖取过经，但是大家的经验都是不太一样的。

其实并没有所谓的标准。

我认为，做科研，特别是社科项目，很多东西都是凭自己的良心。做项目最大的收获，不是那几篇论文，也不是那些专著，研究报告。而是在这个过程中，你真正的成长了。

通过这几年的项目历练，我对于整个学科的前沿知识有了更深刻的理解，认识了很多业界学界的高人，从他们身上学习到了很多。

我学会了跨学科的思考，而且还通过做知识付费接触了更多学科的知识，我的整个思维体系和知识体系有了本质的迅速地提升。

我要感谢我的家人，在做项目的过程中一直鼓励我支持我，在我最艰难，最沮丧的时候，是你们支持我一直做下去。

我要感谢做教育部项目以来结识的很多专家和老师，是你们的帮助才让我能够克服各种困难，顺利结项。

我要感谢很多来听我的课，参加我的辅导的老师们，是你们的不断追问和探索，让我打开了新世界的大门，才让我有了写这本书的想法和动力。

也正是因为你们，才让我找到了新的人生方向，有了新的奋斗动力。

我想通过这本书，让正在申报项目的老师，已经中标的老师和已经结项的老师，都能够从中获得启迪，产生共鸣，少走弯路，共同在学术的道路上前进，前行。

科研学术的道路是永无止境的，我们且行且珍惜。

张聪

2019 年 9 月于北京家中